Martin von Hohnhorst / Rainer Ulrich

SAARLÄNDISCHE GARTENFIBEL

Anregungen und Hinweise
für die Gestaltung naturnaher Gärten im Saarland

herausgegeben im Rahmen des saarländischen
Gartenwettbewerbs „Natur vor der Haustür"

Sparkassen-Finanzgruppe Saar in Zusammenarbeit mit
Saarländisches Ökologiezentrum Hofgut Imsbach
Ministerium für Umwelt, Energie und Verkehr
Naturschutzbund Deutschland (NABU)

Die Schreibweise in dieser Gartenfibel folgt den neuen Rechtschreiberegeln, wie sie ab 1. August 1998 gelten.

Die Autoren danken folgenden Personen, die durch ihre Anregungen und Kritik zum Gelingen dieser Gartenfibel beigetragen haben: Joachim Güth, Freya v. Hohnhorst, Stefan Mörsdorf, Silvia Prinz, Karl-Rudi Reiter.

Fotonachweis:
Robert Groß, Fulda: 54 o; Joachim Güth, Saarbrücken: Titel ur; 10 (2), 11 (3), 16 r, 18 o, 20 (2), 22 u, 24 o, 29 r, 37 r, 38 u, 45 o, 58 u; Archiv Güth: 6 u, 7 (2), 12 o; Martin v. Hohnhorst, St. Ingbert: Rückseite um; 2, 3, 12 u, 14 m, 15 (2), 17 o, 22 o, 23 or, 47 u, 59 u; Stefan Mörsdorf, Stennweiler: 19, 49 ul; Hermann Mohr, Wustweiler: 6 o; Christiane Nagel, Altstadt: 5, 9, 13 o, 47 o, 48 ul, 49 o, 52 u, 53; Karl-Rudi Reiter, Düppenweiler: Titel or; Rückseite ol; 16 l, 17 l + r, 18 ul, 28 o + mu, 29 lo, 31 l, 32 u, 35 or, 43 or, 45 u, 49 ur, 55 ul; Rainer Ulrich, Wiesbach: Titel ol, om, ul; Rückseite or, ul, ur; 8, 13 m + u, 14 l + r, 18 ur, 21 (2), 23 (3), 24 u (2), 25 - 27 (8), 28 mo + r, 29 m + u, 30 (2), 31 r + u, 32 - 34 (7), 35 ol + u, 36 (2), 37 o + l, 38 o, 39 - 42 (11), 43 ol, 44 u (2), 45 m, 46 (4), 48 o + ur, 50 - 51 (5), 52 o, 53 o, 54 u, 55 o + ur, 56 o + ur, 57 o, 58 o, 59 o, 60 - 63 (8). Zeichnungen: Armin Rohr, Saarbrücken (3).

Das Werk einschließlich aller seiner Teile ist urheberrechtlich geschützt. Jede Verwertung außerhalb der engen Grenzen des Urheberrechtsgesetzes ohne Zustimmung der Autoren ist unzulässig.

Konzept, Text und Gestaltung:
© Martin v. Hohnhorst, Rainer Ulrich

Gesamtherstellung:
repa druck
Zum Gerlen, Industriegebiet Ensheim,
66131 Saarbrücken, Tel. 0 68 93/80 02-0

ISBN 3-00-001552-3 – DM 12,80

1. Auflage April 1997, 31 000 Exemplare

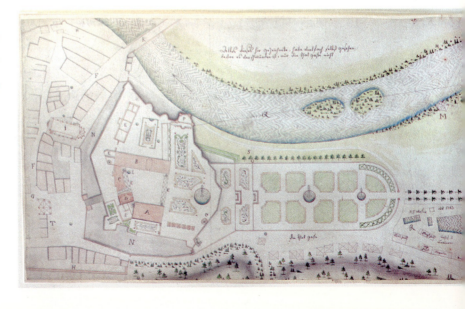

Der Barockgarten des Saarbrücker Schlosses, wie er sich vor dem Jahr 1738 darstellte. Auffällig ist die strenge geometrische Gliederung – an der sich auch die bäuerlichen Gärten orientierten.

Inhalt

Eines der ersten kartographischen Dokumente zur Gartenkultur im Saarland und hier erstmals veröffentlicht. Dieser Ausschnitt aus einem Plan von Saarbrücken um 1740 zeigt am unteren Bildrand den „herrschaftlichen Gemüsegarten". Der eingezeichnete Wassergraben diente der Bewässerung. Der Vergleich mit den umliegenden Häuserparzellen macht die großzügige Dimensionierung des Gartens deutlich. Er befand sich etwa dort, wo heute die Eisenbahnstraße verläuft. – Beide Zeichnungen hat der Hofgärtner Johann Friedrich Christian Koellner (1733-1809) um 1800 angefertigt (Dauerleihgaben des Historischen Vereins für die Saargegend im Saarland Museum).

Vorworte	4
Einleitung	5
Der Garten – ein uraltes Kulturgut	6
Vom Bauern- zum Verlegenheitsgarten	6
Gärten im Wandel	9
Saarländische Gartenlandschaften	14
Der Nutzgarten	16
Zäune und Wege	20
Der Gartenzaun	20
Lebendige Wege	22
Bäume und Sträucher	24
Der Hausbaum	24
Der Obstgarten	26
Die Gartenhecke	30
Die Blumenwiese	33
Die Trockenmauer	37
Der Gartenteich	41
Der Vorgarten	45
Alte Kulturpflanzen	48
Lebendige Unordnung	49
Liebenswerte Gäste	54
Kinder im Garten	57
Natur am Haus	58
Dachwiesen	58
Balkongärten	59
Kletterpflanzen	61
Regenwassernutzung	63
Literatur und Kontaktadressen	64

Vorworte

Die Saarländerinnen und Saarländer identifizieren sich ganz besonders mit ihrer Heimat. Allerdings hat sich der ökologische Zustand in unseren Dörfern in den letzten Jahrzehnten nachteilig verändert. Zusammen mit dem Ministerium für Umwelt, Energie und Verkehr, dem Saarländischen Ökologiezentrum und dem Naturschutzbund will die Sparkassen-Finanzgruppe Saar die ökologische Situation in unseren Dörfern und Städten verbessern. Damit soll ein Stück gewachsener Heimat, aber auch ein hohes Maß an Lebensqualität erhalten bzw. wieder zurückgewonnen werden.

Die neue Umweltaktion „Natur vor der Haustür" schließt lückenlos an die erfolgreichen Bauernhaus- und Arbeiterhauswettbewerbe an. Unser ausdrücklicher Dank gilt den Autoren für die Vorbereitung der Fibel und des Wettbewerbs. Sie haben moderne ökologische Ansätze mit heimatgeschichtlichen Aspekten verknüpft. Die Sparkassen-Finanzgruppe möchte mit der Fibel und dem Wettbewerb dazu beitragen, dass unsere buchstäblich „immergrünen" Dorflandschaften wieder bunter werden. Gerade die Dörfer als Nahtstellen zwischen Natur und Kultur können faszinierende Lebensräume sein, die vom Miteinander der Menschen, Tiere und Pflanzen geprägt sind.

– Werner Klumpp –
Präsident des Sparkassen-
und Giroverbandes Saar

Bei uns im Saarland gibt es 285 000 Wohnhäuser. Die gesamte Freifläche um Haus, Garten und Vorgarten dürfte 200 Quadratkilometer groß sein, etwa siebenmal so groß wie die Gesamtfläche aller Naturschutzgebiete des Landes. Daran erkennen Sie, wie wichtig Natur am Haus ist.

Ein großes Umweltschutz-Potential steckt in unseren Haus- und Vorgärten. Bei der Anlage und der Pflege der Gärten und Vorgärten gilt das Prinzip der Nachhaltigkeit. Wir müssen so schonend damit umgehen, dass auch kommende Generationen noch ihre Freude daran haben. Das heißt: Verzicht auf Gift und Chemie, heimische, abwechslungsreiche und standortgerechte Pflanzen und Anlagen. Auf monotonen Grünflächen hat die Natur keine Chance und die Zukunft auch nicht.

Wenn Sie mithelfen wollen, dass wieder mehr Natur in unser Wohnumfeld einzieht, dann fangen Sie damit vor Ihrer eigenen Haustür an. Der Gartenwettbewerb der Sparkassen-Finanzgruppe ist ein ausgezeichnetes Forum und Ideengeber. Machen Sie mit. Zeigen Sie Tatkraft und etwas Mut. Ich bin mir sicher, viele werden Ihnen nacheifern. Ich freue mich auf Ihren Garten!

– Prof. Willy Leonhardt –
Minister für Umwelt, Energie
und Verkehr

Gärten sind Lebensräume. Nicht nur für den Menschen, sondern auch für viele Pflanzen und Tiere. Die Gartenfläche in unserem Land ist zusammengerechnet um ein Vielfaches höher als die Fläche der Naturschutzgebiete. Hierin liegt eine große Chance für den Naturschutz.

Gartengestaltung, die lebendige und bunte Vielfalt hervorbringt, schafft Erlebnisräume und Spielplätze für Kinder. Naturerfahrungen, die immer weniger Kinder immer seltener erleben, sind hier möglich. Spannender und eindrucksvoller als auf jedem Bildschirm. Wirkungsvoller Balsam gegen die Verödung von Köpfen – und die vielleicht wichtigste Funktion naturnaher Gärten. Einmal live beobachtet zu haben, wie aus einer Kaulquappe ein Frosch wird, prägt Kinder ein Leben lang.

Mit dem Wettbewerb und der Herausgabe der Saarländischen Gartenfibel hilft die Sparkassen-Finanzgruppe nicht nur ein Stück saarländisches Kulturgut zu sichern – sie leistet auch einen wesentlichen Beitrag für den Naturschutz in unserem Land. Der Saarländischen Gartenfibel wünsche ich daher eine weite Verbreitung und hohe Wirksamkeit im Sinne ihrer Autoren.

– Stefan Mörsdorf –
Landesvorsitzender des
Naturschutzbund Deutschland

Einleitung

„Saarländische Bauernhausfibel" und „Saarländische Arbeiterhausfibel" – diese beiden Publikationen setzten Maßstäbe im besten Sinne, was die Erhaltung und Restaurierung von Bauern- und Arbeiterhäusern im Saarland angeht. Nun folgt als dritte Veröffentlichung eine „Saarländische Gartenfibel". Sie rückt das Kulturgut Garten – sowohl den städtischen wie den ländlichen – in den Blickpunkt.

Betrachtete man es historisch, müsste ten – und das ist vordringliche Absicht – will sie für regionaltypische, ökologisch sinnvolle und ästhetisch ansprechende Alternativen zu den heutigen „Verlegenheitsgärten" mit Rasen, Nadelgehölzen und vielen versiegelten Flächen werben. Wenn der Nutzgarten aus welchen Gründen auch immer weichen muss, dann sollte er durch einen naturnahen Garten ersetzt werden. Für dessen Gestaltung bieten der Bauerngarten durch seinen über Jahrhunderte gewachsenen Pflanzenbestand, seine Buntheit und Vielfalt an Nutz-, Heil- und Zierpflanzen, aber auch die freie Landschaft eine gute Orientierung.

Ein typischer ländlicher Nutzgarten im Bliesgau. Solche Gärten mit ihrem bunten Nebeneinander von Nutz- und Zierpflanzen gab es noch vor wenigen Jahrzehnten überall in unseren Dörfern. Doch wer macht sich heute noch die Mühe, einen solchen Garten zu bewirtschaften?

diese Fibel ganz am Anfang in der Reihe des nun vorliegenden Trios stehen. Denn der Garten als Kulturgut ist um vieles älter als die steinernen Zeugnisse Bauern- und Arbeiterhaus. Spätestens seit dem „capitulare de villis" (Landgüterverordnung) von Karl dem Großen kann man in Mitteleuropa von einer ausgeprägten Gartenkultur sprechen.

Diese Gartenfibel verfolgt ein doppeltes Ziel: Sie will zum einen sensibel machen für das uralte Kulturgut Garten. Zum zwei-

Wer einen Garten neu anlegt oder umgestaltet, sollte versuchen, saarländische Besonderheiten zu berücksichtigen. Etwa wenn es um die Auswahl der Obstsorten oder um die Wahl des Materials für Wege und Mauern geht.

Einen Naturgarten kann nicht nur derjenige anlegen, der auf dem „flachen Land" wohnt. Auch in der Stadt bietet sich die Möglichkeit, „Natur vor der Haustür" zu gestalten, und sei es auch nur in Form eines kleinen Balkongartens.

Der Garten – ein uraltes Kulturgut

Unsere Dörfer und Städte haben sich in den letzten Jahrzehnten radikal verändert, sind geschichts- und gesichtslos geworden. Eine Entwicklung, die neben der Bausubstanz unserer Ortschaften die Vorgärten und Gärten, überhaupt die gesamte Grüngestaltung nicht minder betrifft.

Vom Bauern- zum Verlegenheitsgarten

Wer sich alte Postkarten mit Dorfansichten oder alte Bilder anschaut, kann den erschreckend raschen Wandel nachvollziehen. Während Veränderungen an Häusern oft zumindest noch den früheren Zustand erahnen lassen, ist der Wandel der Grüngestaltung radikal, geht also im Wortsinne an die Wurzel: Die Hausbäume, die früher vor vielen Häusern standen, sind weitgehend verschwunden. Sie mussten dem Zweitwagen oder Straßenverbreiterungen weichen. In den Vorgärten – besonders augenfällig in den Neubaugebieten – haben immergrüne Nadelbäume die traditionellen Laubbäume

Die Bank und der Baum vorm Haus waren früher ein typisches Bild in unseren Dörfern. Hier traf man sich nach getaner Arbeit zum „Sprooche". Das Foto entstand in Wustweiler.

Die alte Aufnahme von Rohrbach zeigt, wie intensiv die Fläche hinter den Häusern früher für die Eigenversorgung genutzt wurde. Gemüsebeete und hochstämmige Obstbäume bilden ein buntes Nebeneinander.

Kerlingen (Gemeinde Wallerfangen) im Niedgau. Neben den Gemüsegärten in der Ortsmitte fallen auf dieser neueren Aufnahme die ausgedehnten Streuobstbestände ins Auge, die sich am Ortsrand nahtlos an die Bebauung anschließen.

Bohnental heißt noch heute die Gegend um den Blieskasteler Stadtteil Lautzkirchen. Dieses historische Luftbild verdeutlicht warum: Was da in den Gärten im Vordergrund wächst, sind Stangenbohnen! Die Streuobstbestände im Hintergrund vermitteln zwischen Dorf und freier Landschaft.

verdrängt.

Im eigentlichen Garten, der im Saarland zwar meistens, aber keinesfalls immer hinter dem Haus liegt, sind die Veränderungen nicht weniger gravierend. Früher war der Garten vor allem Nutzgarten und lieferte Gemüse sowie Würz- und Heilkräuter. Stauden und Blumen waren nur schmückendes Beiwerk. Man spricht deshalb vom Bauerngarten als „verziertem Nutzgarten". Heute hat sich das Verhältnis von Nutz- zu Ziergarten umgekehrt. Das liegt natürlich auch daran, dass die Gärten angesichts saftiger Baulandpreise zwangsläufig kleiner ausfallen als früher.

Doch das allein kann der Grund nicht sein. Bequemlichkeit mag da schon eine größere Rolle spielen. Wie einfach ist es, sich im Supermarkt aus einer selbst im Winter üppigen Auswahl an Frischgemüse zu bedienen – wie mühsam dagegen, sich Feldsalat, Möhren oder Blumenkohl im Garten selbst zu ziehen. Mangel an Zeit kann jedenfalls kaum als Begründung für das Verschwinden der Gemüsegärten herhalten, wenn man sieht, mit welcher Inbrunst und Akribie mancher Zeitgenosse mit der elektrischen Schere die Rasenkanten trimmt oder das Auto wäscht und poliert...

Neben den Gemüse- sind auch die Obstgärten vielerorts verschwunden. Obstbäume rahmten nicht nur die Dörfer ein, sondern waren auch fester Bestandteil im Garten. Obst aus eigener Ernte bereicherte den im Winter eher eintönigen Speisezettel und war ein wichtiger Vitaminlieferant. Südfrüchte gab es nicht oder sie waren für die meisten Familien unerschwinglich.

Der Obstbau hat in Mitteleuropa eine jahrtausendelange Tradition. Während die Germanen nur den Apfelbaum kannten, pflanzten die Römer zusätzlich Pflaumen-, Zwetschen-, Süß- und Sauerkirschen-, Aprikosen- und Walnussbäume.

Wieviele Obstbäume noch im Saarland wachsen, weiß heute niemand so genau. Eine landesweite Zählung im Jahr 1938 ergab für das Saargebiet 1,8 Millionen Apfel-, Birnen-, Zwetschen-, Kirsch- und Quittenbäume. 1988 zählte der Kreis Merzig-Wadern seine Obstbäume – und kam immerhin auf etwa 200 000 Exemplare, rund 100 000 weniger als noch 20 Jahre zuvor. Wahrscheinlich ist die Zahl der Obstbäume im Bereich der Gärten noch stärker zurückgegangen als die in der freien Landschaft. Ihren Platz haben heute Rasen, Ziersträucher und der Gartenteich – eine ganz neue Entwicklung – eingenommen. Oder der „Schwenker" steht nun dort, wo früher Apfelbäume wuchsen.

Der Apfelbaum

Bei einem Wirte wundermild
Da war ich einst zu Gaste;
Ein goldner Apfel war sein Schild
An einem langen Aste.

Es war der gute Apfelbaum
Bei dem ich eingekehrt;
Mit süßer Kost und frischem Schaum
Hat er mich wohl genähret.

Ludwig Uhland

In vielen Gärten sind allenfalls ein paar kleine Beete für den Nutzgarten geblieben. Der Verlegenheitsgarten hat den Bauerngarten von einst ersetzt – sowohl in den Dorfkernen, wo mit der älteren Generation auch die Nutzgärten mehr und mehr verschwinden. Und erst recht in den Neubaugebieten, wo die Koniferitis besonders heftig grassiert. Man weiß nichts Rechtes anzufangen mit den fünf, sechs oder sieben Ar eigenen Grundstücks. Gemüse anbauen macht zu viel Arbeit, allenfalls für Petersilie, Kopfsalat und ein paar Tomaten wird ein Beet vorgehalten. Auf dem großen verbleibenden Rest wird Rasen eingesät, umrahmt von Beeten mit Rosen oder Rhododendron. Die neugierigen Nachbarsblicke hält die Fichten- oder Thujahecke ab. Damit man keinen Dreck ins Haus trägt, werden großzügig Verbundsteine gelegt. Aus der Böschung wird mit Hilfe von Beton-Formsteinen ein Steingarten, die Blaufichte im Vorgarten wird im Dezember per Lichterkette zum Weihnachtsbaum.

So sieht es vor unzähligen Häusern im Saarland aus: Die Blautanne wirkt genauso steril wie der überbreite Eingangsweg aus Waschbeton. Die Putte und der Riesenpokal komplettieren diese Parade der Geschmacklosigkeit. Eine Verlegenheitslösung, die mit Gartenkultur nichts mehr zu tun hat.

Über Geschmack lässt sich sicherlich streiten. Doch mit dieser Entwicklung wie sie überall im Saarland – und auf dem Land fast noch mehr als in der Stadt – zu beobachten ist, geht eine in Jahrhunderten gewachsene Gartenkultur verloren.

Gärten im Wandel

Dass sich „Gartenlandschaften" verändern, ist nun keinesfalls eine Erscheinung unserer Zeit. Gerade Gärten waren immer schon eine Spielwiese für das Ausprobieren neuer Sorten und das Hegen und Pflegen exotischer Arten – Orte des ständigen Kommens und Gehens. Was den Wandel der letzten Jahre jedoch so erschreckend macht, ist die Ideen- und Phantasielosigkeit, die sich dahinter verbirgt. Es macht einen großen Unterschied, ob sich jemand exotische Gehölze in seinen Garten pflanzt, weil er ein begeisterter Botaniker ist, oder er das tut, weil der Nachbar es schließlich auch macht. Oder die immergrünen Gehölze gerade in der Baumarkt-Reklame günstig angeboten werden.

Die neue deutsche Garteneinfalt in Stadt und Land drückt sich in dreierlei aus: dem Vordringen monotoner Rasenflächen, der Allgegenwart von Nadelgehölzen in Gärten und Vorgärten („Koniferitis") und dem Verschwinden traditioneller Stauden.

Eine bedauerliche Entwicklung. Denn Gärten sind – wie klassische Musik oder Architektur – ein Kulturgut. Ja, Gärten sind als Kulturgut viel älter als die meisten anderen Formenelemente unserer Kulturlandschaft wie etwa unsere saarländischen Bauernhäuser oder unsere Flur- und Siedlungsformen. Wer das Glück hat, einen Garten gestalten zu können, sollte sich dieser Tatsache bewusst sein.

Gartengeschichte

Als Karl der Große im Jahre 812 seine Verordnung über die kaiserlichen Krongüter („capitulare de villis imperialibus") erließ, war die Gartenkultur in Mitteleuropa bereits hoch entwickelt. Denn schon die Germanen besaßen Gärten, in denen sie u. a. Möhre, Erbse, Flachs, Hanf und Waid kultivierten. Wildpflanzen wie Wegerich, verschiedene Ampferarten, der Gute Heinrich und die Wegwarte dienten als Gemüse. In der kaiserlichen Verordnung war nun aber erstmals genau festgelegt, welche Pflanzen in den Gärten der kaiserlichen Landgüter gepflanzt werden sollten. 73 verschiedene Gemüse und Kräuter sind, gemischt wie Kraut und Rüben, aufgeführt. Außerdem zählt das Kapitulare 16 Obstsorten auf: Apfel, Birne, Pflaume, Speierling, Mispel, Edelkastanie, Pfirsich, Quitte, Haselnuss, Mandel, Maulbeere, Lorbeer, Pinie, Feige, Walnuss und Kirsche. Alle

Obstbäume außer dem Apfelbaum verdanken wir römischen Einflüssen. Die im Kapitulare aufgeführten Pflanzen gehörten über viele Jahrhunderte zum eisernen Bestand von klösterlichen Gärten wie auch Bauerngärten.

Im Mittelalter waren vor allem die Klöster die Stätten einer hochentwickelten Gartenkultur, die auf die ländlichen Gärten ausstrahlte. Hildegard von Bingen (1098 - 1179) beschreibt bereits über 200 Gartenkräuter. Im 16. und 17. Jahrhundert erweiterte sich das Spektrum der Gartenpflanzen durch die Entdeckung des amerikanischen Doppelkontinents enorm. Neue Nutzpflanzen wie Kartoffeln, Stangenbohnen und Tomaten eroberten sich ihren Platz in den Bauerngärten der Alten Welt. Auch das Spektrum der Zierpflanzen verbreitete sich im Zeitalter der Entdeckungen

Die Pfingstrose fand im späten Mittelalter Eingang in unsere Bauerngärten. Unter den Zierpflanzen sticht sie mit ihrem leuchtenden Rot besonders hervor.

beträchtlich.

Andere Pflanzen verschwanden aus den Gärten. Die Färbepflanzen Krapp und Färberwaid („Deutscher Indigo") sind durch chemische Farbstoffe entbehrlich geworden. Eine andere Färbepflanze, die Stockrose, hat sich als Zierpflanze in unseren Bauerngärten erhalten. Neben Linsen wuchsen heute weitgehend unbekannte Gemüsesorten in den Gärten, zum Beispiel Zuckerwurz, Erdbeerspinat, verschiedene Ampfer-Arten oder die Rapunzel-Glockenblume.

Trotz des ständigen Kommens und Gehens in den Zeitläuften weisen aber die bäuerlichen Gärten in ganz Mitteleuropa nach wie vor einen erstaunlich einheitlichen Pflanzenbestand auf, dessen Grundgerüst die im Kapitulare aufgeführten Arten sind.

Ästhetische Aspekte kamen dabei nicht zu kurz. Der bäuerliche Garten war durch Anordnung und Auswahl der Pflanzen ein „verzierter Nutzgarten": Die Erzeugung von Gemüse vor allem für den Eigenbedarf stand im Vordergrund. Doch auch Zierpflanzen wurde ein Plätzchen eingeräumt. Dabei zog man das Außergewöhnliche dem Alltäglichen vor, so daß der Anteil heimischer Arten im strengen Sinne im Bauerngarten eher gering ist.

Den bäuerlichen Gärten ähnlich waren die städtischen Gärten, die meist außerhalb der Stadtmauer lagen und ebenfalls der Eigenversorgung dienten. Zierpflanzen, die zumeist gleichzeitig Würz- oder Heilpflanzen waren, bildeten das schmückende Beiwerk.

Von seiner Anlage her war der Bauerngarten meist streng gegliedert, doch auf den Beeten selbst wuchsen Gemüse, Kräuter und Blumen zuweilen bunt durcheinander. Typisch für den Bauerngarten ist das Wegekreuz, das den Garten in vier Bereiche einteilt. In der Mitte stand oft ein Brunnen oder wuchs ein besonders markanter Buchsbaum. Dieses Formenelement ist von

Schöner kann man das Wegekreuz des Bauerngartens nicht zeigen: Die wintergrünen Buchsbaumhecken zeichnen die Begrenzungen der Wege schön nach. Es mag überraschen, dass dieser Garten im Saarland liegt: Es handelt sich um den Grünbacher Hof bei Mimbach.

den Kloster- und Schlossgärten übernommen. Im Saarland hat es sich in einigen ländlichen Gärten noch erhalten. Gute Beispiele dafür sind der Neuhof bei Ormesheim, der Grünbacher Hof bei Mimbach und der Garten Ziehl in der Ortsmitte von Aßweiler. Als Beeteinfassung und -begrenzung diente vor allem Buchs.

Dieser kurze Ausflug in die Gartengeschichte macht deutlich, dass Gärten in Jahrhunderten gewachsene Teile unserer Kulturlandschaft sind. Sie prägen unsere Dörfer und Städte mit und tragen zur Identität bei. Zumindest war das früher so. Ob dies einfallslose Vorgärten mit Waschbeton und Thujahecke noch leisten können, muss man bezweifeln.

Gärten hatten jahrhundertelang vor allem eine Versorgungsfunktion. Nur die

Rechts:
Drei hervorragende Beispiele für historische Bauerngärten im Saarland: der Grünbacher Hof bei Mimbach, der Neuhof bei Ormesheim und der Garten Ziehl in der Ortsmitte von Aßweiler.

Der Schlossgarten von Villandry im Tal der Loire: Was da von Buchsbaum eingefasst wächst, ist vor allem Gemüse! Ein Meisterwerk der Gartenbaukunst.

herrschaftlichen Gärten mit ihrer Blüte im Barock waren überwiegend Lust- und Wandelgärten. Für das Saarland ist hier vor allem der Schlossgarten in Saarbrücken zu nennen, dessen Einteilung sich noch heute durch die Gliederung der Straßen zwischen Landtag und früherem Umweltministerium nachvollziehen lässt. Eine seltene Ausnahme bildet der Renaissance-Garten von Villandry an der Loire, wo Gemüse als zierendes Gartenelement dient. Unbedingt eine Reise wert!

Während man früher **aus** dem Garten lebte, lebt man heute stärker **im** Garten: Der Garten ist zum Ort geworden, wo man einen Teil seiner Freizeit verbringt. Als Naturgarten gestaltet, kann der Garten Erlebnis- und Lebenswelt sein – für gestresste Erwachsene, für naturentwöhnte Kinder sowie für Tiere und Pflanzen.

Denn nicht nur der Garten an sich, auch die Beziehung zwischen Garten und Feldflur hat sich gewandelt. Schied einst der Gartenzaun das kultivierte Land von der „Wildnis" – Garten heißt so viel wie „das Eingefasste, das Umfasste" –, ist es heute umgekehrt: Außerhalb der Gartenzäune liegt die längst bezähmte, weitgehend ihrer „Natürlichkeit" beraubte Agrar- und Industrielandschaft, und der Garten ist es, der heute der „Wildnis" – die eigentlich aus Elementen der früheren Kulturlandschaft besteht – Asyl bietet. Damit ist dem modernen Garten eine ganz neue Funktion zugewiesen: beizutragen zum Erhalt der Schöpfung. Viel stärker als der in wirtschaftliche Zwänge eingebundene Landwirt hat es der Gartenbesitzer in der Hand, eine Oase für die Natur zu schaffen. Er kann die „Natur vor der Haustür" so gestalten, dass sie ein Refugium für Tier- und Pflanzenarten bietet, die in der freien Landschaft kein Auskommen mehr finden.

Das Refugium Garten ist in seiner Bedeutung nicht zu unterschätzen. Die Fläche der Gärten in Deutschland übersteigt zusammengenommen die der Naturschutzgebiete deutlich. Die Funktion als kleine Naturoasen können sterile Koniferengärten nicht erfüllen.

Die Saarländische Gartenfibel will daher Fäden in zwei Richtungen spinnen. Der eine Faden ist ein regionalhistorischer und führt zurück zum uralten Kulturgut Garten. Der andere Faden ist ökologischer Natur, weist damit in die Zukunft und greift den Gedanken einer guten Nachbarschaft mit der Natur auf. Beides, bewusster Umgang mit dem Kulturgut Garten und naturnahe Gestaltung, lassen sich im Naturgarten prima verbinden.

Diese Gartenfibel will so deutlich machen, dass es bessere Alternativen zur saarländischen Standardlösung, dem Verlegenheitsgarten (Verbundsteine, Fichtenhecke, Rasen) gibt, wenn Sie in Ihrem Garten aus welchen Gründen auch immer kein oder nur noch ein bisschen Gemüse ziehen möchten.

Der Naturgarten ist eine solche Alternative – für die Gartengestaltung hinter wie auch vor dem Haus. Dieser Saarländischen Gartenfibel liegen dabei die folgenden vier Prinzipien zugrunde:

1. Es kann nicht Ziel der Gartengestaltung sein, das historische Vorbild Bauerngarten bloß zu imitieren. Ein Bauerngarten mit Wegekreuz und Buchsbaum-Einfassungen passt zu einem Bauernhaus, könnte aber in einem Neubaugebiet deplatziert wirken. Doch der feste Pflanzenbestand der Bauerngärten, der sich in vielen Jahrhunderten herausgebildet hat, kann weiterhin Orientierung bieten für die Pflanzenauswahl moderner Naturgärten. Gesucht sind dabei Gartenlösungen, die regionaltypische Besonderheiten und „moderne" ökologische Erkenntnisse aufgreifen und weiterentwickeln.

Den „saarländischen Garten" wird es wohl nicht geben. Andererseits wollen wir dazu beitragen, dass Beliebigkeit und immergrüner Langeweile bei der Gartengestaltung nicht weiter Tür und (Garten)tor geöffnet werden.

2. Gärten haben eine wichtige Funktion für den Naturschutz, wenn sie konse-

Leider Vergangenheit: diese weiträumige Schrebergartenanlage in St. Arnual.

Die Alternativen zum Koniferendschungel sind der staudenreiche Bauerngarten (oben) und der Naturgarten (unten). Aber womöglich ist der Besitzer seiner Koniferenmonotonie bald überdrüssig und greift zur Motorsäge!

Es geht auch anders: Gärten in Neubaugebieten müssen nicht langweilig sein.

quent naturnah gestaltet werden – mit den in dieser Fibel genannten Elementen wie Gartenteich, Blumenwiese, Trockenmauer und vielem anderem mehr. Natur- oder Wildgärten können Tieren und Pflanzen ein Refugium bieten, für die in der freien Landschaft kein Platz mehr ist.

3. Bei der Gartengestaltung sollte man soweit wie möglich auf örtliche Naturmaterialien zurückgreifen. Holz gehört der Vorzug vor Kunststoff, Natursteine sind besser als Beton, schwarzgestrichener Stahl (kein Edelstahl) ist ehrlicher und immer dauerhafter als Plastik. Weniger ist dabei oft mehr: Nicht jeder modische Firlefanz, der günstig im Baumarkt angeboten wird, wertet den Garten tatsächlich auf.

4. Chemische Pflanzenschutzmittel haben in einem naturnahen Garten nichts verloren. Generationen von Gärtnern haben bewiesen, dass es auch ohne geht. Gärten ohne Gift sind Refugien für Pflanzen und Tiere und liefern gesundes Obst und Gemüse. Wer heute noch meint, Schädlingen mit der Giftspritze zu Leibe rücken zu müssen, kauft sich sein Gemüse besser gleich im nächsten Supermarkt!

Allerdings sollte man sich nicht der Illusion hingeben, in einem Naturgarten würden sich Probleme mit „Schädlingen" von selbst lösen, weil sich alles in einem natürlichen Gleichgewicht befände. Pustekuchen! Auch Naturgärtner müssen sich immer wieder etwas einfallen lassen, um die vielen potentiellen Mitesser vom Tisch fernzuhalten. Die Beschränkung auf bewährte, robuste Arten und Sorten bietet schon einen gewissen Schutz gegen Schädlingsbefall. Mischkulturen und biologischer Pflanzenschutz sind weitere Helfer des Naturgärtners.

Saarländische Gartenlandschaften

„Das Saarland is e rischdisches Gärdsche" sang einmal der Saarbrücker Liedermacher Jürgen Albers. Geologisch gesehen ist dieses Gärtchen aber alles andere als einheitlich. Das Land an Blies und Saar hat vielmehr eine erstaunliche Vielfalt zu bieten.

Vom Taunusquarzit zum Muschelkalk

Taunusquarzit bildet als Höhenzug die nördliche Begrenzung des Saarlandes. Südlich davon schließen sich die Tholeyer, Lebacher und Kuseler Schichten des Rotliegenden an. Im mittleren Saarland bestimmt das Karbon mit seinen Kohleflözen die Geologie. Dieses Karbongebiet wird halbmondförmig eingerahmt durch das Buntsandsteingebiet, das sich vom Warndt über Saarbrücken, St. Ingbert und Homburg bis in die Pfalz erstreckt. Weil die Böden auf Buntsandstein wenig fruchtbar sind, blieben in diesem Streifen ausgedehnte Wälder erhalten oder sind auf einstmals ackerbaulich genutzten Standorten wieder neu entstanden. Muschelkalk bildet hingegen in den fruchtbaren Gaulandschaften des Saarlandes den Untergrund: dem Saar-Mosel-Gau, dem Niedgau und dem Bliesgau. Diese Gunsträume waren schon früh besiedelt.

Aus diesen unterschiedlichen Gesteinen hat sich in Jahrtausenden durch Verwitterung das entwickelt, was wir Boden nennen. Die Bodenverhältnisse einer Landschaft sind daher ein getreues Abbild der vorkommenden Gesteine, sie spiegeln die Geologie wider. Für Gartenböden gilt dies aber nur mit Einschränkungen: Sie sind durch die intensive Bodenbearbeitung und -verbesserung oft so stark verändert, dass ihre „geologische Herkunft" oft kaum mehr zu erkennen ist. Dennoch gibt die Landschaft, in der Gärten liegen, wichtige Fingerzeige für die Gartengestaltung.

Besonders beim Bau von Wegen und Mauern sollte man wo immer möglich auf die Materialien zurückgreifen, wie sie die umgebende Landschaft bietet. Das war früher schon aufgrund der beschränkten

Muschelkalk bei Riesweiler im Bliesgau, Buntsandstein bei Seelbach im St. Ingbert-Kirkeler-Waldgebiet und Waderner Schichten bei Bardenbach an der Prims: Schon an der Farbe kann man die unterschiedlichen Gesteinsformationen im Saarland voneinander unterscheiden.

Das passt nicht: die Trockenmauer aus Kalksteinen kombiniert mit roteingefärbten Betonsteinen und rotem Klinker an der Haustür. Doch kann man's dem Hausbesitzer verübeln, wenn bereits die Stadt Blieskastel die Bürgersteige dieses Neubaugebietes in Aßweiler mit roten Verbundsteinen zugepflastert hat?

Eine gepflasterte Hofeinfahrt, wie man sie traditionell vor Bauernhäusern findet. Sie sind nicht nur haltbar und schön – zwischen den Steinen kann sogar Gras sprießen.

Transportmöglichkeiten selbstverständlich. Niemand wäre auf die Idee gekommen, im Verbreitungsgebiet des Buntsandsteins eine Gartenmauer aus Muschelkalk-Platten zu errichten. Dafür wurden die Hofflächen von Bauernhöfen im Primstal selbstverständlich mit halbiertem Primsschotter gepflastert, während im Bliesgau der örtlich anstehende Kalkstein Verwendung fand. Wie fremd und aufgesetzt wirkt es dagegen, wenn sich Hausbesitzer im Gebiet des Saarkarbons mächtige Wacken aus Taunusquarzit in den Vorgarten legen – gerade so, als hätte Asterix sie dort vergessen.

Eine Ausnahme von der Regel, dass früher vor allem auf die vor Ort vorkommenden Gesteine zurückgegriffen wurde, bildet das Kopfstein-Pflaster. Wegen ihrer Härte hat man Basaltsteine auch dort verlegt, wo von Natur aus kein Basalt gebrochen werden kann. Solche Pflastersteine sind inzwischen zu einem Wertgegenstand geworden. Entsprechend sollten Sie damit umgehen, wenn Sie irgendwo noch welche auftreiben können.

Landschaftstypische Materialien für den Bau von Wegen und Mauern gibt es kaum im Baumarkt. Dafür sind sie – oft sogar kostenlos – dort erhältlich, wo ein altes Haus abgerissen wird. Bruchsteine sind das Material der Wahl für eine Trockenmauer. Für das Gartenhäuschen sind alte Dachziegel eine ideale, weil preiswerte, dauerhafte und überaus schmucke Eindeckung. Wellkunststoff oder Teerpappe sind sie immer vorzuziehen. Passenden Gesteinssplit aus der Gegend kann vielleicht der örtliche Baustoffhändler liefern.

Billige und kurzlebige Kunststoff-Produkte, aber auch Stahl haben das nachwachsende Naturmaterial Holz in vielen Bereichen aus den Gärten verdrängt. Die Tomaten ranken sich um kunststoffummantelten Eisendraht statt um Holzstangen. Den schlichten, aus Holz gezimmerten Blumenkasten haben Plastikprodukte aus dem Gartencenter ersetzt. Die Mühe, sich selbst im Wald Erbsenreiser von jungen Buchen zu schneiden, macht sich kaum jemand mehr. Hölzerne Frühbeete („Kutschen") sind schon fast zu einer Seltenheit geworden. Schade, denn das Material Holz ist bezüglich seiner Ökobilanz gegenüber Plastik und Aluminium unschlagbar – wenn es nicht unnötigerweise kesseldruckimprägniert ist und damit zum Sondermüll von morgen wird.

Der Nutzgarten

Erst seit es Supermärkte gibt, in denen das ganze Jahr über frisches Gemüse aus allen Erdteilen angeboten wird, können wir uns den Luxus erlauben, Gärten als reine Zierde zu betrachten. Das war auch im Saarland noch bis vor wenigen Jahren ganz anders: Das kleine Stück Gartenland am Haus trug wesentlich zur Versorgung mit Salat, Bohnen, Zwiebeln, Möhren, Gurken und Kohl bei. Die Prämienhäuser hatten alle zumindest einen kleinen Garten. In manchen Dörfern wie etwa Webenheim oder Wallerfangen lagen die Gärten außerhalb der bebauten Ortslage in der Feldflur. Auch bei den Schrebergärten, die im Saarland weitgehend auf Saarbrücken beschränkt sind, liegt der Garten weit entfernt von Haus oder Wohnung.

Der Typus des intensiv genutzten Hausgartens hat sich am ehesten in den Dorfkernen erhalten. Dort findet man noch die klassischen Selbstversorgergärten mit einem großen Nutzgartenbereich. Diese Gärten sind nach einem strengen System gegliedert.

Wenn heute wieder mehr jüngere Menschen den Wert eines Nutzgartens entdecken, dann sind dafür weniger wirtschaftliche Überlegungen ausschlaggebend. Vielmehr schätzen sie es, selbstgezogenes Gemüse zu essen, von dem sie wissen, dass es garantiert nicht gespritzt ist. Auch die geschmackliche Qualität ist unübertroffen. Es verschafft zudem eine große Befriedigung, den knackigen Sommersalat, den es als Beilage zum Schwenkbraten gibt, im eigenen Garten gepflanzt und geerntet zu haben. Nutzgärten sind zudem Kommunikationsorte par excellence: Man tauscht mit dem Nachbarn Pflänzchen aus und kommt so miteinander ins Gespräch. Der Garten, der sich mit den Jahreszeiten immer wieder ändert und wandelt, bietet Gesprächsstoff in Fülle.

Nicht zuletzt bietet der Nutzgarten die Möglichkeit, Kinder in das Gartengeschehen mit einzubinden. Wenn Sie ihnen ein kleines Beet reservieren, werden sie voller Stolz und Eifer Radieschen säen, Sonnenblumen ziehen oder sich über die ersten frischen Erdbeeren im Jahr freuen.

Die Ecke für Gemüse und Salat passt

Stangenbohnen, Porree und Salat wachsen in diesem traditionellen Nutzgarten in Bosen. Auch für den Rhabarber ist ein Eckchen reserviert.

Ein moderner Biogarten mit Mischkultur und abgemulchten Beeten. Zwischen dem Gemüse Kräuter und Heilpflanzen wie die Ringelblume.

Kindern macht es großen Spaß, wenn sie im Garten selbst etwas tun dürfen. Schon die Kleinsten freuen sich über ein eigenes Beet und eigene Gartenwerkzeuge.

sich in einen Naturgarten sehr gut ein. Ein solches Beet will gut geplant sein. Dabei sollte man keineswegs vor einer schematischen Gestaltung zurückschrecken, weil man sie vielleicht für unnatürlich hält. Alte Bauerngärten mit ihren quadratischen oder rechtwinkligen Beeten machen es vor. Diese strenge Gliederung folgt nicht nur ästhetischen, sondern auch ganz praktischen Gesichtspunkten. Wohlgeplante, gut zugängliche Beete erleichtern die Übersicht und die Gartenarbeit. Zudem ist es überaus sinnvoll, im Nutzgarten einen geplanten Fruchtwechsel einzuhalten.

Hintergrund für diesen Fruchtwechsel sind die unterschiedlichen Nährstoffansprüche der einzelnen Gemüsesorten, aber auch die Unterdrückung von Schädlingen. Kohlarten wie Blumenkohl, Rosenkohl, Weißkohl oder auch Rettich sind Starkzehrer. Sie kommen auf ein Beet, das reichlich mit Kompost gedüngt worden ist. Alle Kohlarten gehören zur Familie der Kreuzblütler und neigen deshalb zur Kohlhernie. Dieser Erkrankung kann man vorbeugen, indem man einen strengen Fruchtwechsel einhält, also idealerweise auf einem Beet nach Kohlanbau zwei Jahre keine Kreuzblütler (auch keinen Raps zur Gründüngung) pflanzt.

Kartoffeln, Möhren, Tomaten, Lauch,

Salat und Rote Beete nehmen bezüglich ihrer Bodenansprüche eine Mittelstellung ein. Erbsen und Bohnen werden zu den Schwachzehrern gerechnet.

In den letzten Jahren ist auch in saarländischen Gärten zu beobachten, dass der Anbau von Bohnen und Erbsen stark zurückgegangen ist – mit Ausnahme der Gärten von Gastarbeitern. Vor allem bei

Gewöhnungsbedürftig, aber sehr wirkungsvoll: Mischkultur und Mulchen. Das Brett vermindert die Verdichtung des Bodens beim Betreten der Beete. Die Studentenblumen auf dem rechten Bild halten Nematoden ab. Auch die Kapuzinerkresse vertreibt mit ihren Senfölen unliebsame Mitesser.

Erbsen dürfte der Grund hierfür sein, dass es recht viel Arbeit macht, die Erbsen auszuschoten – und als Lohn der Mühe eine vergleichsweise bescheidene Menge der Hülsenfrüchte in der Schüssel vorzufinden. Für Fruchtfolge und Bodenfruchtbarkeit im Garten ist es ein Verlust, wenn keine Hülsenfrüchte mehr kultiviert werden. Erbsen wie Bohnen gehören zu den Leguminosen, sind also in der Lage, Stickstoff aus der Luft aufzunehmen und in ihren Wurzelknöllchen zu binden. Sie sind somit ideale Bodenverbesserer und sorgen für eine gute Bodengare. Schon deshalb lohnt sich in einem Naturgarten ihr Anbau.

Der Fruchtwechsel widerspricht keinesfalls dem Prinzip der Mischkultur. Diese ist keine neue Erfindung, sondern wurde schon in den Bauerngärten – meist sogar in bunter Mischung von Gemüse und Blumen – praktiziert. Die Mischkultur ahmt nach, was die Natur vormacht: Manche Pflanzen vertragen sich besonders gut miteinander und halten sich gegenseitig lästige Plagegeister vom Leib. Das bekannteste – und keinesfalls einzige Beispiel hierfür – sind Möhren und Zwiebeln, die sich gegenseitig vor der Zwiebel- bzw. Möhrenfliege schützen.

Der Komposthaufen ist das Herzstück eines Biogartens. Richtig angelegt, verbreitet er keine unliebsamen Gerüche.

Die Raupe des Schwalbenschwanzes befrisst oft das Möhrenkraut. Wer sie tötet, bringt sich damit um die Chance, den herrlichen Falter zu bewundern.

Fast jeder Bergmann im Saarland hielt sich früher ein paar Stallhasen – sehr zur Freude der Kinder. In der heutigen Zeit der Videospiele und Gameboys würde man vielen Kindern verstärkt solche Erlebnisse mit Kleintieren als Spielgefährten wünschen.

Der Komposthaufen

A und O eines erfolgreichen Biogartens ist ein Komposthaufen. Selbstgemachter Kompost ist ein hervorragender und kostenloser Dünger, erspart die größere Mülltonne und ersetzt den Besuch im Fitnessstudio, weil er beim Umsetzen die Muskeln stählt. Kompostierungszusätze, die im Handel angeboten werden, sind überflüssig.

Auch wenn die Biotonne flächendeckend im Saarland eingeführt wird, sollte Sie das nicht dazu verleiten, die Kompostierung im eigenen Garten aufzugeben. Es ist allemal sinnvoller, organische Abfälle selbst zu kompostieren als sie Dutzende von Kilometern im Lande herumzufahren, um den daraus gewonnenen Kompost wieder mit dem Pkw-Anhänger in den eigenen Garten zurückzukarren.

Als Sonderform des Kompostierens kann man das Mulchen ansehen. Es ist nichts anderes als eine Flächenkompostierung: Gras, Blätter und anderes organisches Material werden zwischen Blumen und Gemüsepflanzen ausgebracht. Diese Mulchdecke unterdrückt Beikräuter und hält den Boden feucht.

Fruchtwechsel, Mischkulturen, Kompost und Mulchen – wer diese vier Dinge beherzigt, ist damit schon auf dem richtigen Weg zum Biogärtner. Ansonsten lautet die wichtigste Gartenregel: ausprobieren.

Kleintierhaltung

Die Haltung von Hühnern, Kaninchen und anderen Kleintieren (z. B. der Ziege als „Bergmannskuh") war früher im Saarland weit verbreitet. Heute ist sie aber leider stark zurückgegangen. Kleintierhaltung genießt nicht den besten Ruf, gilt als altmodisch oder provinziell. Das ist eigentlich schade, denn Tiere bereichern den Garten. Es gehört sicher zu den schönsten Kindheitserlebnissen, sich im Frühjahr über den ersten Kaninchenwurf zu freuen und die Jungen über die Wiese hoppeln zu lassen. Kleintierhaltung hat für den Biogärtner darüber hinaus einen ganz praktischen Nutzen: Der Kompost wird nochmal so gut, wenn er mit Mist aus dem Kaninchen- oder Hühnerstall angereichert wird.

Zäune und Wege

Noch bis Ende des letzten Jahrhunderts liefen Schweine, Gänse und Hühner in unseren saarländischen Dörfern frei umher. Sie hätten unsere heutigen Ziergärten übel zugerichtet. Nicht umsonst waren damals die Hausgärten immer von Zäunen oder anderen Abgrenzungen wie Hecken und Mauern umgeben.

Heute verirren sich bestenfalls noch Hund oder Katz in unsere Gärten. Trotzdem sind unsere Gärten eher stärker umzäunt als früher. Begründen kann man dies am ehesten mit dem Wunsch des Menschen, sich stärker in sein Eigenheim zurückzuziehen.

Der Gartenzaun

Früher prägten selbstgefertigte Zäune aus einfachen Latten oder halbierten Fichtenstämmchen unsere Dörfer. Heute sind sie weitgehend verschwunden – verdrängt von einem kunterbunten Sammelsurium aus vielerlei Materialien. Da wetteifern gesichtslose Maschendraht- mit Jägerzäunen aus dem Baumarkt, Bonanzazäune (frisch von der Ponderosa) mit Eisenbahnschwellen und schmiedeeisernen Industrieprodukten. Meist billig, schnell montiert – aber einfach unpassend. Und zudem noch ökologisch bedenklich, wenn sie mit giftigen Holzschutzmitteln behandelt wurden.

Regen und Sonne haben diesen Lattenzaun mit einer Patina überzogen. Als das Bild 1980 in Knorscheid an der Theel aufgenommen wurde, war der Zaun bereits über 40 Jahre alt. In seinem Schutz wachsen prächtige Dahlien.

Zaungäste

Dabei können Zäune mehr als abtrennen und gliedern. Sie bringen Zaungäste in den Garten. Vor allem, wenn man auf die alten, für unsere Region so typischen Lattenzäune zurückgreift. Es ist normalerweise nicht erforderlich, die Latten mit Holzschutzmitteln zu behandeln. Sonne und Regen lassen das Holz an der Oberfläche grau werden, wodurch sich ein natürliche Schutzschicht ergibt. Wichtig ist nur, dass die Latten keine nassen Füsse bekommen. Also ausreichend Abstand vom Boden halten!

Die Zaungäste stellen sich bei solchen Zäunen schnell ein. Wespen und Hornissen raspeln von den Latten Holzteilchen ab, um damit ihre Papiernester zu bauen. Der alte hölzerne Zaunpfahl kann über Jahre

Die runden Formen dieses Lattenzaunes wirken angenehm für das Auge. Zu seinem Füßen dürfen sich Blumen und Kräuter breitmachen. Ob dieser Zaun in Güdingen noch steht?

Die leuchtend weißen Blüten der Zaunwinde machen aus diesem gewöhnlichen Maschendraht-Zaun fast schon ein kleines Kunstwerk.

Bockkäfern oder Wildbienen als Heimstatt dienen. Auch sonnen sich Schmetterlinge wie Fuchs oder Tagpfauenauge in den ersten Frühlingstagen gerne auf den Holzpfählen. Die Flechten, die sich auf dem Holz ansiedeln, geben dem Lattenzaun schließlich die rechte Patina. Und der Zaunkönig, eine winzige Vogelart, die behende am Grunde von bewachsenen Zäunen in nicht zu stark gepflegten Gärten herumwuselt, hat seinen Namen nicht von ungefähr!

Doch selbst ein Zaun aus Maschendraht lässt sich leicht verschönern. Die billigste und mit die schönste Lösung ist, ihn von der wildwachsenden Zaunwinde mit ihren herrlich leuchtend weißen Blüten erobern zu lassen. Das in meinem Garten in Wiesbach aufgenommene Bild von dieser Symbiose ist heute noch eines meiner Lieblingsfotos.

Auch Wicke und Kapuzinerkresse sind sehr bunte und dekorative Kletterer an Zäunen. Man muss sie aber jedes Jahr wieder neu einsäen. Übrigens ist die Kapuzinerkresse ein wunderbares Kraut für den Salat. Selbst die bunten Blüten sind essbar! Und wenn man die Knospen in Essig einlegt, verwandeln sie sich in Kapern.

Wer sich nicht jedes Jahr die Arbeit machen will, setzt mehrjährige Kletterer an den Zaun. Der Hopfen und die Zaunrübe (beides sind im Saarland heimische Pflanzen) ranken mit erstaunlicher Geschwindigkeit den Zaun hoch. Geeignet sind auch Geißblatt oder Kletterrosen.

Hecken – lebende Zäune

Schließlich besteht noch die Möglichkeit, hässliche Zäune einfach verschwinden zu lassen: Indem man sie zum Leben erweckt. Schnitthecken beispielsweise benötigen wenig Platz und ersetzen einen nicht mehr geliebten Zaun. Früher umzäunten oft dornige Weißdorn-Schnitthecken die Obstgärten. Heute wählt man wegen des weniger mühevollen Schnitts eher Hecken aus Hainbuche, Rotbuche oder Feldahorn. Die verfärben sich im Herbst sehr schön und halten das Laub teilweise noch im Winter. Schnitthecken aus Liguster sind für das Saarland eher untypisch. Noch schlimmer wirken in Hausgärten Hecken aus Exoten wie Thuja oder Lebensbaum. Diese EU-Einheitshecken sind ökologisch tot, absolut untypisch und zudem teuer. Sie mögen auf dem

Das Massen-Industrieprodukt Jägerzaun mag preiswert sein – dafür wirkt es aber auch kalt und abstoßend.

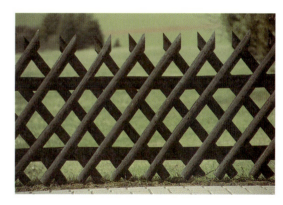

Friedhof ihre Berechtigung haben – aber nicht in unseren Gärten.

Nur in wenigen saarländischen Gärten haben sich die langsamwüchsigen Schnitthecken aus Buchsbaum erhalten. Sie waren früher die typische Wege- und Beeteinfassung in Bauern-, Kloster- und Schlossgärten. Zudem lieferten sie den begehrten „Pälm" für den Palmsonntag.

Lebendige Wege

Ohne befestigte Wege kommt ein naturnaher Garten nicht aus. Doch muss man deswegen ausgerechnet zu langweiligem Waschbeton oder zu Verbundsteinen greifen? Womöglich noch mit Mörtel verfugt, damit sich kein Pflänzchen dazwischen hervorwagt? Derart versiegelte Flächen haben wir in unseren Städten und Dörfern schon zu viele. Für unser Auto mögen Asphalt und Beton notwendig sein. Aber doch nicht für die Füße eines naturverbundenen Gärtners.

Schauen Sie einfach von der Natur ab. Und erinnern Sie sich an Wege, auf denen Sie besonders gerne spaziert sind. Wie wohl fühlt man sich auf federnden Waldwegen, auf blumengesäumten Wiesenpfaden, auf altem gründurchwachsenem Dorfpflaster. Wir freuen uns über historische Pflaster, aus deren Fugen Moose, Flechten und Gräser wachsen. Es sind lebendige Wege und Plätze.

Dieser buchsbesäumte Weg in einem Bauerngarten im Bliesgau kommt ohne Befestigung aus.

Alternativen und Materialien gibt es also zur Genüge. Natursteinplatten, natürlich nur aus der näheren Umgebung. Oder das altehrwürdige Kopfsteinpflaster. Es ist mittlerweile in den „Alt"-Städten stärker verbreitet als in unseren saarländischen Dörfern, wo es früher die Flächen rund ums Haus bestimmte. Je nach Gesteinsvorkommen wurden regional unterschiedliche Pflaster verlegt, etwa aus halbiertem Primsschotter, quarzitreichem Sandstein im Rotliegenden oder Kalkstein in den Gaulandschaften. Einige schöne Bildbeispiele zeigt die Saarländische Bauernhausfibel. In den Fugen dieser Pflasterwege kann das Regenwasser versickern, wachsen Gras und Blumen.

In Betracht kommen schließlich auch die sogenannten wassergebundenen Decken in Form von Schotter, Kies und Splitt aus unserer Region.

Nicht mit Schnur und Richtlatte

Von der Natur abschauen lassen sich der Sand-Lehmweg oder sandgeschlämmte Schotterdecken. Übrigens kann man eine Treppe im Garten auch aus Natursteinen bauen, sogar unverfugt. Neuerdings

Eine Pflasterfläche aus halbiertem Primsschotter, wie sie früher in den Dörfern an der Prims häufig war. Nicht mehr lange, dann werden solche kulturhistorisch wertvollen Relikte vollends unter Asphalt verschwunden sein.

Die ästhetische Wirkung der Pflastersteine resultiert daraus, dass jeder Stein ein Unikat ist – mit verschiedenen Farbtönen und Formen. Beim Kalksplitt ergibt die Vielfalt der Formen eine harmonische Einheit. Den Verbundsteinen geht gerade wegen ihrer scheinbaren Perfektheit diese Wirkung ab. Sie wirken langweilig.

kommt auch der Weg aus Rindenmulch zur Anwendung. Dieses moderne Wegebaumaterial ist eine empfehlenswerte Alternative: ein boden- und fußfreundlicher Weg, der pflegeleicht ist und nach frischem Harz und Holz duftet.

Bitte bedenken Sie bei der Anlage eines Gartenpfades, dass nicht alles mit Schnur oder Richtlatte gerade und „im Blei" sein muss. Schließlich bauen Sie kein Fundament für ein Haus! Nur wer hier bewusst unvollkommen ist und versucht, nicht ganz so perfekt zu arbeiten, nähert sich dem natürlichen Vorbild.

Platz da?

Das für Wege Gesagte gilt auch für kleine Flächen. Es ist zu überlegen, ob das Plätzchen für die Sitzgarnitur neben dem Schwenker unbedingt sauber überpflastert werden muss – womöglich noch mit (bunten) Verbundsteinen. Denn dann stört wieder jeder Grashalm, jedes Blatt des schattenspendenden Baums wird als Dreck empfunden und muss weggekehrt werden. Ich komme schon seit Jahren ohne jede Befestigung aus, mähe mein Eckchen nur einmal mit der Sense. Das herabgefallene Laub vom daneben stehenden Nussbaum entwickelt sich mehr und mehr zu einem dichten Teppich, der die Vegetation darunter zurückhält.

Der Abstellplatz für's Auto muss nicht mit Verbundsteinen, der typisch saarländischen Lösung, verlegt sein. Bessere und schönere Alternativen sind wasserdurchlässiges Pflaster oder gebrochenes Gesteinsmaterial wie grober Schotter oder Splitt. Auch Rasengittersteine sind möglich.

Es muss nicht immer Pflaster sein – auch auf der gemähten Wiese lassen sich die im Saarland so beliebten Schwenkerpartys feiern.

Bäume und Sträucher

Wenn man sich auf alten Fotos saarländische Straßenansichten anschaut, fallen sofort die teilweise mächtigen Bäume vor den Häusern ins Auge. Diese Hausbäume sind heute bis auf kümmerliche Reste verschwunden. Man kann durch ein Straßendorf wie zum Beispiel Dirmingen fahren und wird Mühe haben, auf ein Dutzend Bäume zu kommen, sofern man die modernen „Hausbäume" nicht mitzählt: Koreatannen, Blaufichten, Thuja, Araukarien, Zedern und all die anderen Nadelgehölze. Gegenüber den traditionellen Hausbäumen hat dieses moderne Baumarktgrün einen Vorteil: Es ist pflegeleicht. Und macht keinen Dreck wie all die Laubbäume, die sich im Herbst erdreisten, ihre Blätter auf den sorgfältig geschnittenen Rasen oder die blankgekehrten Verbundsteine fallen zu lassen.

Pflegeleicht – ja, aber auch stinklangweilig. Sommers wie winters sieht das Koniferengrün gleich aus. Keine zart duftenden Blüten, die vom Frühling künden, keine Nüsse, die man im Herbst knacken kann.

Der Hausbaum

Dagegen ließ das grüne Entrée vor den Bauernhäusern den Wechsel der Jahreszeiten miterleben und war der Ort, wo sich soziales Leben abspielte. Unter dem Baum

Einer der wohl imposantesten Nussbäume des Saarlandes steht vor einem Bauernhaus in Gresaubach. Sein Kronendurchmesser beträgt 26 m.

Das rücksichtslose Einpflastern mit Verbundsteinen hat die Ulme in Eppelborn nicht überlebt. – Ob die merkwürdige Wundbehandlung das Leben dieses Baumes verlängert?

Ein Nussbaum schafft mit seinem Blätterdach im Zusammenspiel von Licht und Schatten diese reizvolle Atmosphäre vor einem Bauernhaus im Marpinger Ortsteil Berschweiler. Runkelrüben („Rommele") als traditionelles Viehfutter sind in der modernen Landwirtschaft fast schon zur Rarität geworden.

vorm Haus traf man sich abends zum Schwätzchen mit den Nachbarn.

Laubbäume sind Sonnenschirme die mitdenken. Im Sommer spendet das Laubdach Schatten (Nussbäume halten sogar lästige Mücken und Fliegen ab), im Winter lässt die kahle Krone dagegen Licht in die Stube. Unter dem Baum abgestellt, blieben landwirtschaftliche Geräte vor allzu starker Sonnenbestrahlung und damit Austrocknung verschont. Nicht nur das: Der Nussbaum vor der Haustür lieferte in guten Jahren körbeweise Nüsse.

Die Zahl der traditionell in unserer Gegend als Hausbaum gepflanzten Arten ist überschaubar klein: Es ist vor allen anderen der Nussbaum, der seit der Römerzeit bei uns heimisch ist; die Linde (vor öffentlichen Gebäuden), der Birnbaum (auch unveredelte Sämlinge sind geeignet) und die Rosskastanie. Zusätzlich kommen allenfalls noch Apfel- und Kirschbaum in Frage. Nur aus diesen für unsere Region typischen Arten sollte man sich seinen Hausbaum auswählen, wenngleich manche Gemeinden in den letzten Jahren auch andere Baumarten wie z. B. Ahorn als Hausbäume propagiert haben. Solche „Hausbäume" haben im Saarland keine Tradition.

Wenn der Nussbaum vorm Haus nicht nur schön aussehen, sondern auch Nüsse liefern soll, sollte man bei besonderer Spätfrostgefährdung (Tallage) auf spät austreibende Veredlungen (z. B. Geisenheimer Nr. 139) zurückgreifen.

Nussbäume sind übrigens pflegeleicht. Im Gegensatz zu Obstbäumen sind bei ihnen kaum Schnittmaßnahmen für einen schönen Kronenaufbau nötig. Auch sonst sollten Sie bei Nussbäumen mit Baumschere und -säge sehr zurückhaltend hantieren. Walnussbäume „bluten" sehr leicht, so dass sie nur im Spätsommer, keineswegs im Winter oder Frühjahr geschnitten werden dürfen. Orientieren Sie sich dabei am natürlichen Kronenaufbau oder lassen Sie sich von einem Fachmann beraten. Aus Unkenntnis ist schon mancher prächtige Hausbaum verstümmelt worden.

Wer sich dafür entschieden hat, einen Hausbaum zu pflanzen, sollte beachten, dass aus einem kleinen Bäumchen schnell ein großer Baum wird. Deshalb: Halten Sie genügend Abstand ein zum Nachbarn, aber auch zum eigenen Haus sowie Ver- und Entsorgungsleitungen. Weder Ihnen noch dem Baum ist gedient, wenn sie seiner schon nach ein paar Jahren wieder überdrüssig werden.

„Oh, wie bedeeierlisch" wird mancher Saarländer dagegen bei diesem Anblick ausrufen. Dabei ist alles mit modernen Materialien perfekt durchgestylt.

Der Obstgarten

Das Anpflanzen von Obstgehölzen erlebt in den letzten Jahren eine Renaissance. Viele Vereine im Land – und nicht nur solche der Naturschutzszene – haben gemeinschaftliche Pflanzaktionen durchgeführt. Das Umweltministerium hat ein Programm aufgelegt, bei dem hochstämmige Obstbäume alter und neuer Sorten angeboten werden. Die Naturlandstiftung Saar baut gemeinsam mit dem Saarpfalzkreis in Erfweiler-Ehlingen eine Lehrobstwiese auf, die dazu dient, alte Kern- und Steinobstsorten zu erhalten.

Glücklicherweise gewinnt auch das Obst von Streuobstwiesen wieder stärker an Wertschätzung. Naturschützer freut's! Was nützt die schönste Obstwiese, wenn niemand das Obst erntet und daher die Pflege der Bäume unterbleibt? Folgerichtig sind die Naturschützer selbst unter die Obstverwerter gegangen: Der Naturschutzbund (NABU) Saar bietet einen Apfelsekt und Apfelsaft an, beides garantiert aus Äpfeln von Streuobstwiesen gekeltert. Viele Obst- und Gartenbauvereine haben in den letzten Jahren ihre Kelteranlagen modernisiert. Auch dadurch hat die Apfelsaftherstellung im Saarland neuen Schub erhalten.

Großkronige Obstbäume waren früher ganz wesentliche Elemente in der Landschaft wie auch in den Gärten. Alte Ansichtskarten saarländischer Dörfer belegen das. Dabei ist auffällig, dass in den Gärten vorwiegend hochstämmige Obstbäume wuchsen, nicht die heute vielfach verbreiteten niederstämmigen Bäumchen. Diese erleichtern zwar Ernte und Schnitt, haben dafür aber an Charme und Charakter eingebüßt. Hochstämme sollte man daher pflanzen, wenn man den Platz dazu hat. Sie liefern nicht nur schmackhaftes und gesundes Obst, sondern sind auch eine anmutige Bereicherung für den Garten.

Apfelbäume

Da im Garten der Platz meist eher knapp ist, sollte man den Obstgarten gut planen und die Auswahl der Bäume wohlüberlegt vornehmen. Nussbäume wachsen rasch und werden besonders groß; damit

Eingewoben in blühende Obstbäume: Berschweiler im Alsbachtal.

Der Großteil der Apfelernte im Saarland wird „verflüssigt": zu Apfelsaft, Viez oder Hochprozentigem.

Der Steinkauz, die kleinste heimische Eulenart, brütet in hohlen Obstbäumen.

Die seltene gewordene Hornisse ist eine der vielen Tierarten, die gerne an Obst naschen.

Das Baumhaus hat bei Kindern nichts von seiner Faszination eingebüßt.

Die rosafarbenen, herrlich duftenden Apfelblüten gehören zu den schönsten Frühlingsboten.

eignen sie sich nicht für kleine Gärten. Für einen Apfelbaum ist dagegen in jedem Garten Platz. In der Regel wird man keine (alten) Mostsorten wählen, weil man ja in erster Linie Tafelobst ernten möchte. Da es in Deutschland mehrere hundert Apfelsorten gibt und die Boden- und Klimaverhältnisse selbst im kleinen Saarland stark variieren, ist es nicht einfach, pauschal empfehlenswerte Apfelsorten für den Garten zu nennen.

Häufig werden Apfelbäume von Pilzerkrankungen befallen, vor allem Schorf und Mehltau. Wer robuste Sorten wählt, entschärft das Problem ganz enorm. Deshalb wird man etwa die gängige Marktsorte Golden Delicious keinesfalls empfehlen können. Sie ist nämlich extrem schorfanfällig. Andererseits kann man nicht generell sagen, dass alte Apfelzüchtungen grundsätzlich robuster sind als neue. Gerade bei den Neuzüchtungen sind bezüglich der Widerstandsfähigkeit große Erfolge gelungen. Die folgende Aufzählung enthält daher alte wie neue Apfelsorten, ausgewählt nach Kriterien wie Robustheit, Ertrag, Geschmack und Lagerfähigkeit.

Die Sorte Weißer Klarapfel liefert, wie der andere Name August-Apfel schon sagt,

bereits im Spätsommer schmackhafte, aber wenig haltbare Früchte. Ebenfalls früh reif wird die Sorte James Grieve, die ab September geerntet werden kann und ein ausgezeichneter Kuchenapfel ist.

Alte und gleichzeitig recht robuste Sorten, die sich für den häuslichen Obstgarten eignen und schmackhaftes Obst für Küche und Tafel liefern, sind Rote Sternrenette, Geheimrat Oldenburg (krebsanfällig), Roter Boskoop (starkwüchsig), Roter Berlepsch, Rambour und Prinz Albrecht von Preußen. Jakob Lebel liefert gute Äpfel für's Kuchenbacken. Die Früchte der Goldparmäne sind sehr schmackhaft. Diese Sorte braucht eine gute Nährstoffversorgung und regelmäßige Pflege. Als lagerfähige Winteräpfel sind Ontario (ein eher säuerlicher „Typ") und die neuen, weitgehend resistenten Sorten Pinova und Florina zu empfehlen.

Wer viel Platz hat, kann Sorten wie

Kaiser Wilhelm oder Jakob Fischer auswählen, die einen sehr starken Wuchs haben und zu imposanten Baumgestalten heranwachsen.

Apfelbäume bedürfen wie alle anderen Obstbäume auch der Pflege, müssen also geschnitten werden. Wie man Obstbäume richtig schneidet, lernt man am besten in den Schnittkursen, wie sie von Obst- und Gartenbauvereinen angeboten werden.

Birnen und andere Obstsorten

Im Gegensatz zu Apfelbäumen sind Birnbäume Tiefwurzler und verlangen nach einem tiefgründigen, durchlässigen und warmen Boden. Die Birne eignet sich zudem besonders gut als Spalierobstbaum. Diese Erziehungsform war früher sehr beliebt, ist heute aber stark im Rückgang begriffen. Schade, denn durch die Wärmeabstrahlung der Hauswand gedeihen dort die besten Früchte.

Aus Quitten lassen sich köstliche Gelees bereiten.

Auf den ersten „Quetschekuche" zur „Briebohnesobb" freut sich die ganze Familie.

Der pausbäckige Rote Berlepsch verlockt zum Reinbeißen.

„Der Geist der Mirabelle" inspirierte schon Siegfried Lenz. Sie schmeckt aber auch frisch vom Baum ganz gut.

Die braune Walnuss ist von einer dicken grünen Hülle umgeben, die man früher zum Färben verwendete.

Birnen schmecken frisch vom Baum am Besten. Zum Lagern eignen sie sich nicht.

„Ladwersch" war früher für viele Familien ein wichtiges Nahrungsmittel im Winter. Heute halten einige Vereine im Land die Tradition des „Laxemkochens" aufrecht.

Die „Hiemes"-Birnbäume wachsen zu mächtigen Baumpersönlichkeiten heran.

Schön, wenn der Opa schon das Enkelchen beizeiten mit dem Bäumepflanzen vertraut macht.

Schwere nasse Böden sind besonders für die edleren Tafelbirnen (z. B. Williams Christ) eher ungeeignet. Für den Garten sind die schmackhaften und recht robusten Sorten Alexander Lucas, Köstliche aus Charneu, Conference (trägt früh), Clapps Liebling und Frühe aus Trevoux (frühreifend) zu empfehlen. Sehr starkwüchsig und daher mehr was für große Gärten sind die Pastorenbirne und die Gute Graue. Bei letzteren beiden muss man auf den ersten Birnenertrag allerdings ein paar Jahre warten. Sehr früh trägt hingegen die Sorte Robert de Neufville, eine Geisenheimer Züchtung aus der Zeit der Jahrhundertwende. Birnen lassen sich kaum lagern und wollen frisch vom Baum gegessen werden.

Wenn von Birnen die Rede ist, darf die saarländische Lokalsorte „Hiemes"-Birne nicht vergessen werden. Die „Hiemes"-Birne wächst zu imposanten, landschaftsprägenden Bäumen heran. Ihre Früchte werden im Saarland traditionell zu „Biere-Laxem" verkocht.

Wie der Birnbaum liebt auch die Süßkirsche tiefgründige Erde. Empfohlen seien die Sorten Van, Hedelfinger Riesen-

kirsche und Schneiders späte Knorpelkirsche. Sauerkirschen hingegen sind wie Apfelbäume Flachwurzler und stellen keine allzu hohen Bodenansprüche. Favorisierte Sorte für Gärten ist die Rheinische Schattenmorelle, die aber für Monilia-Spitzendürre sehr anfällig ist. Resistent gegen diese Krankheit ist die Neuzüchtung Cerema.

Wer im Herbst „Quetscheschmeer" kochen will, sollte ein Plätzchen für Zwetschgen reservieren. Hier raten wir, statt der anfälligen Hauszwetsche die neue Sorte Hanita zu wählen. Zwetschgen lieben eher leichtere Böden mit genügend Humus. Nahe verwandt mit der Zwetschge sind die Pflaume, die Mirabelle und die Reineclaude. Eine empfehlenswerte Mirabellensorte ist Nancy.

Früher weit verbreitet waren die Reineclauden. Dieses köstliche Obst hat es verdient, wieder mehr gepflanzt zu werden. Als robuste Sorte kann Oullins Reineclaude genannt werden.

Eine besondere Zierde für den häuslichen Obstgarten sind die kleinwüchsigen

Quittenbäume. Für den Garten eignen sich folgende Sorten: Bereczki, Champion, Konstantinopeler, Ronda.

Rote und schwarze Johannisbeeren, Stachelbeeren (neue mehltauresistente Sorten wählen), Himbeeren und Brombeeren komplettieren den häuslichen Obstgarten.

Langsam in Vergessenheit gerät der Rhabarber. Er liefert das erste frische Obst im Jahr und lässt sich zu köstlichen Kuchen verarbeiten. Für diese Staude sollte sich ein Plätzchen im Garten finden lassen. Rhabarber ist sehr pflegeleicht. Einmal gepflanzt, braucht er nur hin und wieder ein paar Schaufeln Kompost.

Die Gartenhecke

Winter für Winter streuen die Bundesbürger tonnenweise Sonnenblumenkerne für die armen, notleidenden Vögel aus – und verbannen gleichzeitig deren wichtigste Überlebensversicherung aus ihren Gärten. Heimische Wildsträucher decken mit ihrem reichen Beerenangebot, aber auch durch die Insekten, die sich in den Wildsträucherhecken verstecken, gerade in der Winterzeit der Vogelwelt reich den Tisch.

Einen Zusammenhang, auf den der Naturschutzbund (NABU) Saar vor Jahren mit seiner Aktion „Holli & Robbi" hinwies. Alle Erstklässler im Saarland bekamen einen Holunderbusch geschenkt. Zu Hause gepflanzt, sollte Holli (der Holunderbusch) Robbi (dem Rotkehlchen) Beeren liefern. Tatsächlich sind Holunderbeeren eine wichtige Zusatznahrung für Zugvögel im Herbst.

Schon die Germanen schätzten den Holunder wegen seiner Heilwirkung und weihten ihn der Göttin Freya („Frau Holl") – deren Namen er ja heute noch trägt. In Bauerngärten war der Holunder fester Bestandteil. Schaut man sich an alten Bauernhäusern im Saarland um, wird man Holunderbüsche noch häufig entdecken. Der robuste, wüchsige Strauch liebt die stickstoffreichen Böden, wie sie rund um Misthaufen oder auf Viehweiden entstehen. Was dem Bauer sein Mist, ist dem Gärtner sein Kompost. Dort passt der Hollerbusch ideal hin – und der Kompost freut sich über den Schatten, den der raschwüchsige Strauch schon bald spendet. Für den Garten gibt es inzwischen besonders großfrüchtige und reichtragende Sorten.

Ist dieses Haus wirklich so hässlich, dass es sich hinter einer dichten Thujahecke verstecken muss?

Der raschwüchsige Holunderbusch liebt nährstoffreiche Standorte. Mit seinen weißen Blütendolden verschönert er auch weniger ansehnliche Fassaden.

Mit ihren leuchtenden Farben locken die Früchte von Schlehe (blau) und Weißdorn (rot) Vögel an, damit diese ihre Samen verbreiten.

Da ist was im Busch

Vögel lieben heimische Beerensträucher. So tut sich die Kohlmeise nicht nur an Insekten gütlich, sondern lässt sich auch die Früchte von 23 Wildstraucharten schmecken. Dagegen fehlen für die Früchte exotischer Ziergehölze meist die passenden „Abnehmer" oder sie reifen in unserem Klima nicht aus. Auch die Blätter dieser Arten werden von Insektenraupen verschmäht.

Dagegen haben heimische Arten wie Brombeere, Haselnuss, Heckenrose, Holunder, Kornelkirsche, Pfaffenhütchen (sehr giftig, daher für Gärten mit Kindern eher ungeeignet), Schlehe, Weißdorn und Wolliger Schneeball einiges mehr zu bieten. Gerade unter den Insekten sind viele Arten regelrechte Spezialisten, die sich an eine Pflanzenart besonders angepasst haben. So bietet die Schlehe für sage und schreibe 112 Groß-Schmetterlingsarten eine Lebensgrundlage.

Heimische Sträucher holen, genau wie die Obstgehölze, die Jahreszeiten in unsere Gärten zurück. Im März schon verstreut die Haselnuss aus langen Kätzchen ihre gelben Pollen in den Wind. Ende April trägt die Schlehe ihr zartes weißes Hochzeitskleid, später folgen Weißdorn und Heckenrosen. Im Juni lassen sich die Blütendolden des Holunders in knusprige Hollerküchli verwandeln. Wenn sich der Sommer schon seinem Ende zuneigt, erfreuen die gelb-rötlichen Trompetenblüten des Waldgeißblattes das Auge. Zu Erntedank im Herbst zeigen die Wildgehölze ihr virtuoses Können als impressionistische Maler. Dabei erregt das Pfaffenhütchen durch sein leuchtend rotes Blattkleid besondere Aufmerksamkeit. Selbst im Winter erfreuen zum Beispiel die leuchtend roten Hagebuttenfrüchte das Auge.

Fazit: Heimische Sträucher sind optisch mindestens genauso reizvoll wie ihre exotischen Konkurrenten. Sie sind unempfindlich, billig und bringen Leben in den Garten. Gerade für Kinder ist es spannend

Diese Gartenhecke mit den heimischen Gehölzen Hartriegel und Wildkirsche (rote Blätter), Feldahorn (gelbe Blätter) und Heckenrosen (rote Früchte) beansprucht schon etwas mehr Platz. Dies dankt sie mit ihren herbstbunten Farben.

nachzuforschen, was denn da im Busch ist.

Empfehlenswerte Laubgehölze für ländliche Gärten im Saarland sind: Berberitze, Eberesche, Faulbaum, Feldahorn, Flieder, Hainbuche, Hartriegel, Haselnuss, Heckenrose, Holunder, Jasmin, Kornelkirsche, Liguster, Mehlbeere, Oleander (als Kübelpflanze), Pfaffenhütchen (giftig), Schneeball (giftig), Schlehe, Sommerflieder und Weißdorn. Die hier aufgeführten Gehölze sind nicht alle im strengen Sinne heimische Arten, Jasmin und Flieder etwa kamen aus der Türkei zu uns. Aber alle haben eine Tradition in ländlichen Gärten unserer Region. Unter den Nadelgehölzen fanden vor allem die Eibe und der Wacholder schon vor langer Zeit Eingang in die Gärten.

Schlehe und Weißdorn dienten schon den Germanen als lebende Zäune. Viele alte Obstgärten im Saarland sind von dichten Weißdornhecken umgeben. Auch Hainbuche und Buchsbaum (als Beeteinfassung) eignen sich als Einfriedung. Eine hervorragende Heckenpflanze ist die Eibe, deren

Nadeln aber sehr giftig sind. Für Gärten mit (kleinen) Kindern also ungeeignet.

Alle genannten Arten sind allemal besser als die Fichten- und Thujahecken, die sich in saarländischen Gärten immer mehr breitmachen, weil sie als pflegeleicht gelten. Thuja hat natürlich den Vorteil, im Winter grün zu sein – und damit das ganze Jahr den neugierigen Nachbarn Einblicke in die eigene Gartenidylle zu verwehren. Wenn man auf solche Dinge Wert legt, kann man aber genauso eine Hainbuchenhecke pflanzen. Sie behält ihre (vertrockneten) Blätter bis weit in den Winter hinein und bietet so ebenfalls einen gewissen Sichtschutz.

Das Holz, das beim notwendigen regelmäßigen Schneiden der Sträucher und Bäume anfällt, sollte man nicht mit hohem Energieverbrauch durch den teuren Elektroschredder jagen. Es eignet sich getrocknet sehr gut zum Grillen oder kann in einer Ecke des Gartens aufgeschichtet werden, wo es dann als Biotopholz vielleicht den Zaunkönig oder ein Igelpaar anzieht.

Grenzabstände

Am besten ist es, Sie einigen sich mit Ihrem Nachbarn und pflanzen Bäume und Sträucher gemeinsam mitten auf die Grenze. Dann hat jeder etwas davon und für den übrigen Garten bleibt maximal viel Platz übrig. Ansonsten muss man laut saarländischem Nachbarschaftsrecht Rücksicht nehmen und die vorgeschriebenen Grenzabstände einhalten. Zur Orientierung können dabei die folgenden Angaben dienen:

Für sehr stark wachsende Bäume (außer Obstbäumen) und Walnusssämlinge beträgt der Grenzabstand 4 m. Für Kernobstbäume auf stark wachsenden Unterlagen sowie Süßkirschen und veredelte Walnussbäume sind 2 m Abstand einzuhalten. Für Kernobstbäume auf schwach wachsenden Unterlagen sowie Steinobst (außer Süßkirschen) beträgt der Abstand 1,5 m.

Stark wachsende Sträucher (außer Beerensträucher) müssen 1 m, alle übrigen Sträucher 0,5 m Abstand von Nachbars Grundstück wahren. Für Hecken über 1,5 m Höhe gilt ein Grenzabstand von 0,75 m (bis 1,5 m Höhe 0,5 m, bis 1,0 m Höhe 0,25 cm). Brombeersträucher müssen mindestens 1,0 m von der Grenze entfernt stehen, für alle anderen Sträucher genügt 0,5 m.

Eine Hainbuchenhecke bietet selbst im Winter noch genauso viel Sichtschutz wie eine aus Thuja. Beide Fotos wurden am selben Tag im März aufgenommen!

Ein Milchblech voller selbstgepflückter Brombeeren ergibt einige Gläser köstlichen Gelees.

Die Blumenwiese

Ist Ihr Rasen auch so schön grün wie der im Neunkircher Ellenfeld und im Saarbrücker Ludwigspark? Dann haben Sie aber eine Menge Arbeit: mähen, düngen, besprengen, Moos entfernen, womöglich sogar mit chemischen Mitteln lästiges „Unkraut" vernichten.

So ein kurz geschorener Rasen ist

ganze Jahr über nicht genutzt. Und nur bei der allwöchentlichen Spazierfahrt am Samstag-Nachmittag mit dem stinkenden und laut knatternden Rasenmäher betreten. Rasenflecken, die nur „der Zierde" dienen, die zum Toben oder als Liegewiese zu klein sind. Oder die man nur deshalb regelmäßig mäht, damit sich der Nachbar nicht aufregt. Also echte Verlegenheitsflächen im Garten.

Rasen sind langweilig, Blumenwiesen sind schön!

Aus solch langweiligen Rasen lässt sich mehr machen. Am besten eine bunte Blu-

Metamorphose: Aus dem tristen grünen Rasen ist eine bunte Blumenwiese geworden. Was gefällt besser?

arbeitsintensiv und vielseitig nutzbar: Kinder können auf ihm nach Herzenslust toben, Fußballer den Gegner ausspielen, Hausmänner und -frauen die Wäsche aufhängen. Und man kann hier prima ein Gartenfestchen feiern.

Doch viele Rasenflächen werden das

menwiese. Mit ihr können wir uns die ursprüngliche Farbenpracht der Wiesen in unsere Gärten zaubern. Den Tisch reich decken für farbenfrohe Schmetterlinge, summende Bienen und brummelnde Hummeln, zirpende Heuhüpfer und Zikaden. Und täglich diese herrliche Vielfalt der

Natur live erleben.

Es gibt viele Möglichkeiten, sterile, sattgrüne Rasenflächen in bunte Blumenwiesen voller Leben zu verwandeln. Schon eine Beschränkung auf zweimaliges Mähen im Jahr macht aus dem Rasen eine Wiese: Nun gelingt es vielen Blumen zu blühen und sich zu versamen. Blumen, die man vorher mit dem Rasenmäher immer rechtzeitig geköpft hat. Viele Naturfreunde lassen beim Mähen in ihrem Rasen Blumen stehen, die ihnen besonders gut gefallen: beispielsweise Margeriten, Wiesen-Flockenblumen oder Glockenblumen. Oft bilden solche Blumeninseln am Rand des Rasens den Anfang einer Blumenwiese.

Paradox: wenig Dünger = bunte Wiesen

Als oberster Grundsatz für eine Blumenwiese gilt: raus mit den Nährstoffen! Also: niemals düngen. Und unbedingt das Mähgut auf den Komposthaufen verfrachten. So wird der Boden ausgemagert und die Wiese langfristig bunter. Denn es gilt die scheinbar paradoxe Grundregel: je nährstoffärmer der Boden, desto bunter der Blütenteppich. Weil in armen Böden die kleinen, zarten Blümchen nicht von den starken, üppig wachsenden Gräsern verdrängt, quasi erstickt werden. Übrigens gelangen heutzutage rund 30 kg Stickstoff-Dünger pro Hektar durch die Luft auf unsere Wiesen und Gärten. Vor allem durch die Auspuffgase unserer Autos.

Einen Rasen muss man im Sommer jede Woche mähen. Das macht Arbeit, kostet Energie, nervt die Nachbarn und verpestet die Umwelt. Dagegen ist eine Blumenwiese geradezu pflegeleicht – zweimal Mähen pro Jahr genügt!

Sie können Ihren Rasen auch durch Wildblumen-Inseln auflockern. Man sticht kleinflächig Rasensoden aus, füllt die Mulden mit Sand auf und bringt in diese Samen aus. Durch die Entfernung nährstoffreicher Gartenerde schaltet man die Konkurrenz der Gräser gegenüber den Blumen kurzfristig aus. Das bietet sich beispielsweise am Rand des Gehölzstreifens oder unter einem Baum an. Oder dort, wo gerade Blumen stehen. Ganz Eifrige können das auch auf einen Schlag mit der gesamten Rasenfläche machen. Das ist allerdings sehr viel Arbeit, lohnt sich aber – wie das Bildbeispiel der umgewandelten Wiese in meinem Garten in Wiesbach belegt.

Wer ganz klein anfangen will, kann auch die vielgeschmähten Maulwurfshügel einsäen. Hier breiten sich insbesondere die herrlichen Thymian-Polster aus. Schon eine dünne Sandauflage von 3 - 5 cm auf den bestehenden Rasen verbessert die Ein-

Das Vorbild für die Blumenwiese im Garten: die Salbei-Glatthaferwiesen des Blies- und Niedgaus. Hier wachsen die buntesten Blumenwiesen im Saarland – mit Klappertopf (gelb), Wiesen-Salbei (lila) und Esparsette (rosa). – Die heimische Karthäuser-Nelke setzt durch ihre kräftig roten Blüten Akzente.

Links:
Dieser Hausbesitzer beweist Mut: Anders als bei seinen Nachbarn dürfen vor seinem Haus die Wiesenblumen blühen.

Rechts:
Ein reizvolles Ensemble: Blumenwiesen und niedrige Trockenmauern ergänzen sich gut.

Blumenwiesen locken Falter wie diese Bläulinge an, die sich hier paaren.

wanderungschancen für Wildblumen deutlich. Darin kann man auch Samen aussäen.

Säen: was, wann und wieviel

Leider haben nur wenige Naturgärtner die wunderbare Möglichkeit, eine Wiese neu anzulegen. Für sie sind folgende Hinweise gedacht. Auf die vorgesehene Wiesenfläche 10 - 15 cm dick magere Erde ausbringen. Am besten Sand. Etwa groben Rheinsand, der die Wärme gut speichert und das Wasser drainiert. So entstehen trocken-warme Verhältnisse wie auf den Muschelkalk-Hängen im Bliesgau. Dort, wo im Saarland die buntesten Blumenwiesen wachsen. Blumenwiesen, die mit einer Fülle von Orchideen aufwarten.

Säen sollten Sie am besten im Frühjahr (April bis Mai), wenn es noch nicht zu trocken ist. Etwa 200 g Saatgut auf 100 m² ausbringen, gut andrücken. Es gibt mittler-

Blumenwiese des Autors

Lage und Größe: Wiesbach, 120 m²
Umwandlung vom Rasen zur Wiese: 1988
Einsaat: imJuni 1988, Saatgut selbst zusammengestellt aus 21 Pflanzen-Arten
Pflanzenanzahl 1996: 54 Blumenarten. Unter anderem Kleiner Wiesenknopf, Sauerampfer, Glockenblumen, Kron-Wicke, viele Klee-Arten, Karthäuser- und Heide-Nelke, Echter Dost, Thymian, Klappertopf, Margerite, Wegerich, Habichtskraut, Wiesen-Flockenblume
16 Grasarten, z.B. Zittergras, Straußgras, Honiggras
Gesamtzahl Tagfalter: 36. Unter anderem Schwalbenschwanz, acht Bläulings-Arten, Mauerfuchs, Schachbrett, Aurorafalter, Fuchs, Tagpfauenauge, Distelfalter
Sonstige beobachtete Tiere: Zauneidechse, Maulwurf, Wildkaninchen, Rebhuhn, viele Heuschrecken, Schwebfliegen, Bienen und Hummeln

Mähgerät sicher gern. Insbesondere, wie das Sensenblatt stehen muss, wie es eingestellt und gewetzt wird.

Und wenn man es erst mal kann, dann geht's ruck-zuck. Und man muss sich bremsen, damit man nicht zu viel abmäht. Denn beim Mähen sollte man immer ein Eckchen stehen lassen, wohin sich die Insekten nach dem Kahlschlag auf der Wiese zurückziehen können.

Es ist ganz erstaunlich, wie schnell die Insekten eine neugeschaffene Blumenwiese erobern. Viele Menschen schätzen solche Wiesen immer mehr: als ein Freilandlabor Natur vor der Haustür, das in seiner Bedeutung für Pflanzen und Tiere nicht zu unterschätzen ist. Und als schier unerschöpfliche Quelle für bunte Blumensträuße.

Heuhüpfer haben eine lange Larvenzeit. Erst im August sind sie erwachsen und machen dann durch ihr lautstarkes Zirpen auf sich aufmerksam.

weile erprobte Universalmischungen, die fast für jeden Standort geeignet sind. Achten Sie unbedingt darauf, dass mindestens ein Drittel der Mischung aus Blumensamen besteht. Sonst haben Sie nachher nur Gräser in Ihrer Blumenwiese.

Nach dem Säen heißt es, geduldig den Boden feucht halten. Einen bis eineinhalb Monate lang – auch wenn sich bereits die ersten Pflänzchen gezeigt haben. Der Boden darf keinen einzigen Tag austrocknen, sonst kann die ganze Arbeit umsonst gewesen sein. Oder Ihre Blumenwiese besteht fast nur aus Gräsern, die schneller keimen als die Blumen.

Die Sense – ein toller Wiesenmäher

Gemäht werden sollte zweimal: ab Ende Juni und im Herbst. Bei großen Wiesen mit dem (allerdings teuren) Balkenmäher. Am besten aber mit der Sense. Die gibt's zwar schon ab 30 Mark, doch mit einer etwas teureren Qualitätssense werden Sie mehr Freude haben. Ältere Nachbarn erklären Ihnen den Umgang mit diesem

Im Handel werden viele Wiesen-Mischungen angeboten, die auch Klatschmohn enthalten. Die Enttäuschung ist groß, wenn die auffallenden roten Mohnblüten im Jahr nach der Einsaat schon wieder von der Wiese verschwinden. Kein Wunder – Mohn ist wie Kornblume und Kornrade ein einjähriges Ackerwildkraut, das immer wieder offenen Boden zum Keimen braucht. Wer Mohn in seinem Garten halten will, muss die Bodenkrume daher immer wieder neu aufbrechen.

Der weiße Mauerpfeffer verleiht dieser alten Trockenmauer aus quarzitreichem Sandstein Charme.

Die Trockenmauer

Wenn Architekten Mauern planen, geschieht dies gewöhnlich mit deutscher Gründlichkeit: solide Baufundamente wie für die Ewigkeit, sämtliche Öffnungen werden vermörtelt. Das Ergebnis: genormte Gleichförmigkeit, triste Leblosigkeit, graue Monotonie – eben völlig naturferne und unästhetische Konstruktionen.

Was habe ich nicht selbst alles für gutgemeinte Ratschläge erhalten, um meine – zugegebenermaßen – steile Böschung abzusichern: „Ein Meter Fundament muss schon sein." – „Nimm eine ganze Menge Eisen!" – „Ich mache dir eine statische Berechnung." – „Da gehört eine gute Menge Stahlbeton hinein." – „Eine Trockenmauer kracht dir schon nach dem ersten Winter herunter."

Wenn man Böschungen abzusichern hat, bieten die Baumärkte eine Reihe von neuartigen Konstruktionen: U-Steine und Mini-Pflanztröge aus Beton, in grau oder braun, groß oder klein. Sie passen in der Regel in die Gärten wie die bekannte Faust auf's Auge. Da bleibt nur die Hoffnung, dass die Pflanzen irgendwann einmal alles gnädig überwuchern werden. Noch schlimmer sind sogenannte saarländische Lösungen wie gegossene Betonstürze,

Eisenträger, Bahnschwellen oder im Boden verankerte Bleche. Wieviel schöner und origineller sind dagegen Trockenmauern! Richtige kleine Kunstwerke – und zudem allesamt Unikate.

Vorbild: Weinbergmauern

Wer eine Trockenmauer bauen will, sollte sich zuerst einmal Vorbilder anschau-

Welch ein Unterschied: Hier die Hangbefestigung aus dem Baumarkt mit hässlich grauen U-Steinen auf einem Waschbetonsockel, dort die reichbewachsene Natursteinmauer.

en: etwa in ehemaligen Weinbergen an der Nied bei Hemmersdorf, an der Blies bei Habkirchen (hier hat man die alten Mauern mit öffentlichen Geldern wieder restauriert) oder an den noch ursprünglichen Rebhängen (zum Beispiel bei Perl an der saarländischen Mosel). Hier wurden aus anstehendem Gestein Mauern zur Abstützung und Terrassierung des steilen Geländes errichtet.

Trockenmauern sollte man nur dort errichten, wo es sich vom Gelände her anbietet und sie zur Gliederung des Gartens beitragen. Sie müssen in den jeweiligen Garten passen. Werden sie wahllos angeordnet, um Zusatzlebensräume für Tiere anzubieten, geraten sie leicht zum Öko-Schnickschnack.

Für eine Trockenmauer besorgt man sich Steine aus der Umgebung oder von Abbruchhäusern. Der Ausspruch „Zeig mir deine Trockenmauer, und ich sage dir, wo du wohnst!" sollte auch heute noch Gültigkeit besitzen. Daher wird zum Beispiel ein Gartenbesitzer im Bliesgau darauf verzichten, sich einen Lastwagen Taunusquarzit aus dem Nordsaarland zum Bau der Trockenmauer anfahren zu lassen. In die Muschelkalk-Landschaften gehören Mauern ausschließlich aus dem örtlichen Kalkstein – und das gilt für die anderen Naturräume (siehe Karte) sinngemäß genauso.

Auf ein mindestens 20 cm dickes Fundament (verhindert ein Auffrieren der Mauer) setzt man am besten quaderförmige Bruchsteine mit einer leichten Neigung von 10 - 20 % zum Hang hin auf. Dabei sind die Stoßfugen zwischen den Steinen jeweils von der darüber liegenden Schicht zu überdecken. Außerdem müssen einzelne Steine, sogenannte Binder, hinter der Mauer ins Erdreich hineinragen. Das gibt dem Bauwerk mehr Stabilität. Unebenheiten lassen sich mit Steinresten oder lehmiger Erde ausgleichen. Bitte lassen Sie aber immer wieder Zwischenräume für kleine Mauer-

besucher frei. Hinter die Mauer gehört eine Locker-Gesteinsschicht, die der Entwässerung dient.

Trockenmauerbau ist kein Kinderspiel. Da braucht man schon etwas Geduld und Übung. Letztendlich muss mancher Stein dreimal oder mehr in die Hand genommen werden, bis er endlich richtig sitzt. Denn bei einer Trockenmauer darf kein Stein wackeln. Dann halten solche unverfugten Mauern mindestens genauso lang wie gemauerte.

Eine Trockenmauer zu bauen, ist keine Zauberei, aber viel Kleinarbeit. Lernen kann es jeder, und die meisten sind dann sehr stolz auf ihr Werk!

Gewachsener Fels, weißer Beton und braune Formsteine als Mauersammelsurium – viel schlimmer geht's nimmer!

Mauerpfeffer, Johanniskraut, Königskerze und Dachwurz (rechts im Vordergrund) haben diese alte Trockenmauer für sich erobert. Hier fühlen sich auch Zaun- und Mauereidechse (rechts) wohl.

Auf der Mauer auf der Lauer...

Mauern sind die Lieblingsplätze der Eidechsen. Ruhig liegen sie da, lassen sich von der Sonne den Rücken bescheinen und nehmen über die flach an den Untergrund gepresste Bauchseite die im Stein gespeicherte Wärme auf. Zaun- und Mauereidechsen sind dann oft überhaupt nicht scheu und lassen sich leicht beobachten.

Schon an den ersten wärmeren Tagen

im Jahr sind Trockenmauern regelrechte Wärmetankstellen: Insekten wie der Mauerfuchs (ein Schmetterling) und die Eidechsen nehmen hier Energie auf. Wenn es kalt wird, bilden die Spalten und kleinen Höhlen dann optimale Überwinterungsquartiere. In Trockenmauern zu Hause sind beispielsweise Mauswiesel, Mäuse, Lurche sowie Wildbienen, Ameisen und Käfer. Hier finden sie Nahrung, Schutz und Versteckmöglichkeiten.

Für Pflanzen ist der Lebensraum Trockenmauer schwieriger zu besiedeln, müssen sie doch mit wenig Erde, großer Trockenheit und oft extrem heißen Oberflächentemperaturen zurechtkommen. Kleinwüchsige Hungerkünstler wie Mauerraute und Streifenfarn, Mauerpfeffer und Dachwurz, Zimbelkraut und Thymian haben sich auf solche Standorte spezialisiert, an denen andere Pflanzen nicht überleben können. Pflanzt man Trockenmauer-Pflanzen in gut gedüngten Boden – etwa im Gemüsegarten oder aber in der Wiese –, werden sie innerhalb kürzester Zeit von anderen Pflanzen verdrängt.

Frische Kräuter aus der Spirale

Eine sehr schöne und zugleich auch nützliche Variante der Trockenmauer ist die Kräuterspirale, ein relativ junges Gartenelement. Hier wächst das richtige Kraut für die feine Küche.

Im oberen Bereich mit nährstoffarmem (am besten kalkhaltigem) Boden gedeihen die wärmeliebenden mediterranen Kräuter wie Thymian, Majoran oder Rosmarin am besten. In der unteren, mit Kompost und Gartenerde versehenen, eher feuchten Fläche siedeln beispielsweise Petersilie und Brunnenkresse. Kräuterspiralen sollten einen Durchmesser von etwa eineinhalb bis drei Metern besitzen. Sie können innen mit grobem Schotter oder Ziegelscherben aufgefüllt werden.

Von der Anlage aufwendig gestalteter

Kräuterspiralen eignen sich besonders für kleine Gärten. Für viele Hobbygärtner ist der Schritt vom frischen Kraut zum Pflanzen von Salat, Tomaten und Gemüse dann nicht mehr weit.

Steingärten, in denen die oft teuer bezahlten Felsbrocken meist nur als Verzierungen herumliegen, ist abzuraten. Sie sind sehr pflegeintensiv, mit gärtnerischen Kunstformen bestückt und aus Naturschutzsicht in der Regel weniger wertvoll.

So gesehen, ist die Erdkröte ein hübsches Kerlchen – auch wenn manch einer von ihrem warzigen Äußeren abgeschreckt wird. Die wanderfreudigen Erdkröten stellen sich im Gartenteich meist von selbst ein.

Der Gartenteich

Viele von uns haben schöne Kindheitserinnerungen an das „Tümpeln". Als man mit Kescher und Einmachglas loszog, um dem verborgenen Leben im Tümpel – im wahrsten Sinne des Wortes – auf den Grund zu gehen. Und glücklich, aber zum Schrecken der Mutter mit Molchen und Kaulquappen nach Hause kam.

Was liegt da näher, als sich seinen Kindheitstraum im eigenen Garten zu erfüllen. Und sich einen Gartenteich anzulegen. Naturgärtner, die einen besitzen, möchten ihn nicht mehr missen. Sie bezeichnen ihn oft als Herzstück ihres Gartens.

Nachdem in der freien Landschaft fast alle Kleingewässer zugeschüttet wurden, bilden naturnahe Gartenteiche für einige Amphibienarten (vor allem Grasfrosch und Erdkröte sowie Berg- und Fadenmolch) wertvolle Rückzugsgebiete. Zudem nutzen viele Vögel die Flachwasserzonen zum Trinken und Baden oder holen hier ihr Nistmaterial (Schwalben, Amseln). An feuchten Randstellen können Hautflügler wie Bienen und Wespen, manchmal sogar Schmetterlinge beim Trinken beobachtet werden. Auch Libellen stellen sich meist rasch ein.

Dachwasser füllt den Teich

Als natürliche Abdichtung des Untergrundes ist Ton zu empfehlen, der 20 cm dick eingestampft wird. Ein recht mühsa-

Die weiße Seerose ist für Gartenteiche zu groß. Als ebenso reizvolle Alternative bietet sich die Seekanne mit ihren grazilen Blüten an.

Noch kein Jahr liegt zwischen den beiden Bildern. Die Seekanne hat sich schon ihren Platz auf der offenen Wasserfläche gesichert.

mes Verfahren. Einfacher geht's mit den mittlerweile sehr zuverlässigen Teichfolien (Mindestdicke 1 mm). Hier werden inzwischen Folien angeboten, die nicht aus dem ökologisch äußerst problematischen Material PVC sind, sondern aus Polyäthylen oder Kautschuk. Wasser erhält man vom Hausdach, das über Regenrinne und Rohre leicht in den Tümpel geleitet werden kann. Wegen der Verschmutzung mit Ölderivaten und der Versauerung des Regenwassers sollte man es nach Möglichkeit in einer binsenbestandenen Pfütze vorklären. Schafft man einen natürlichen Überlauf am Teich, kann man das ganze Jahr über das Dachwasser hierher ableiten. Man hat so eine zusätzliche natürliche Sumpfzone und entlastet die Kläranlagen. Viele Städte und Gemeinden werden in den nächsten Jahren ihre Abwassergebühren so ändern, dass für versiegelte Flächen zusätzlich bezahlt werden muss. Wer Dachwasser nutzt, kann so seine Haushaltskasse spürbar entlasten.

Entweder Fisch oder Frosch

Es würde den Platz in dieser Fibel sprengen, eine genaue Bauanleitung für alle Gartenteiche zu geben. Hierzu gibt es eine Reihe wirklich brauchbarer Ratgeber. Auf einige wesentliche Dinge möchten wir dennoch unbedingt hinweisen: Die meisten Naturgärtner würden ihren Gartenteich das nächste Mal wesentlich größer bauen.

Die Gelbbauchunke liegt auf dem Rücken und hält dem Feind ihre Warnfarben entgegen. Das heißt: Vorsicht, ich bin giftig! Diese seltene Unkenart bevorzugt unbewachsene Kleingewässer und ist sogar mit einer lehmig-braunen Pfütze zufrieden.

So beliebt sie auch sein mögen – Goldfische gehören nicht in einen Amphibientümpel. Fische verschlechtern durch ihren Kot die Wasserqualität merklich und dezimieren Laich und Larven von Fröschen, Kröten und Molchen.

Links:
So könnte ein Ganzjahres-Lebensraum für Amphibien aussehen: Im eher unauffälligen Tümpel können sie ablaichen; Trockenmauer und dichte Vegetation bieten Schutz und Nahrung.

Rechts:
Das Pendant vom Landschaftsgärtner. Nicht schlecht, aber doch etwas zu sehr gestylt und von fremdländischen Gewächsen eingerahmt.

Der Teich sollte eine Tiefenzone von 80 cm bis 1 m besitzen (Überwinterung der Lurche) und viele Flachwasser-Bereiche aufweisen. Planen Sie eine größere Sumpfzone mit Versteckmöglichkeiten (Steine, Holzstücke, Baumstümpfe) ein. Nur dann werden Molche und Froschlurche hier heimisch.

Als Substrat sollten Sie unbedingt nährstoffarmen Sand und Kies (mit etwas Lehm gemischt) verwenden. Mutterboden gehört weder in den Teich noch in die Blumenwiese, sondern in den Gemüsegarten!

Schließlich müssen Sie sich für Fische oder Lurche entscheiden. Beides zusammen klappt in kleinen Teichen nicht. Fische fressen den Laich und die Kaulquappen und verwandeln das Wasser langfristig in eine trübe Brühe. Dasselbe gilt für Wassergeflügel.

Bitte entnehmen Sie keine Amphibien aus der Natur. Das ist weder sinnvoll noch erlaubt. Sie können aber den Gartenteich mit Wasser und etwas Schlamm aus einem Naturtümpel impfen. Bei der Bepflanzung sollten Sie sehr zurückhaltend sein und unbedingt auf heimische Arten zurückgreifen. Diese sind robuster und dienen den Teichbewohnern als Brut- und Nahrungsstätte. Tauschen Sie mit dem Nachbarn oder kaufen Sie die Pflanzen in der Gärtnerei um die Ecke. Noch ein Tip: So schön die (ungefüllte, weiße!) Seerose auch sein mag – sie ist für Gartenteiche zu groß. Besser

Die filigrane Blüte des einheimischen Fieberklees gehört zum Schönsten, was Teichpflanzen bieten können. –
Viele Teichbesitzer hätten gerne Frösche in ihrem Tümpel. Sie sollten jedoch wissen, dass insbesondere die grünen Wasserfrösche den ganzen Sommer lautstark quaken – was nicht jedermanns Sache ist.

Die Ringelnatter ist wie die andere im Saarland heimische Schlangenart, die Schlingnatter, völlig harmlos. Sie sollten deshalb froh sein, wenn sie sich an Ihrem Gartenteich einstellt. Es besteht absolut kein Grund, sie zu vertreiben.

Eine kleine Vorgarten-Geschichte. Die sicher gutgemeinten Geranien in ihren Kübeln wirken trostlos auf der riesigen Verbundsteinfläche, die einem ganzen Fuhrpark Platz böte. Nicht viel besser der Standard-Verlegenheits-Vorgarten in einem Neubaugebiet: Rasen betreten verboten, die Kanten sorgsam getrimmt, dazu noch etwas Gartennippes. Das Pflaster vor dem Bauernhaus dagegen war funktional und schön zugleich.

Was man im Saarland mit vielen Dorfbächen angestellt hat, ist eine Schande!

sind Sie mit der früher noch an der Saar beheimateten, kleinen Seekanne bedient! Eine ebenfalls sehr hübsche Wasserpflanze.

Sie haben alles richtig gemacht. Und doch kommt es schon nach einigen Monaten zu einer Algenblüte? Keine Panik. Das ist normal, der Tümpel braucht seine Zeit, um sich zu stabilisieren. Im Herbst können Sie die Algen vorsichtig abharken. Achten Sie dabei darauf, dass Sie keine Larven, die in Ihrem Tümpel überwintern wollen, auf's Trockene legen.

Bäche – murmelnde Lebensadern

Klare Bäche durchziehen unsere Landschaft wie murmelnde Lebensadern. Die Vielzahl von Tälern mit ihren Bächen macht das Saarland insbesondere für auswärtige Gäste so abwechselungsreich und liebenswert. Dabei waren die Dorfbäche vor nicht allzu langer Zeit noch auf der Verliererseite. Das Wirtschaftswunder der Nachkriegsjahre hatte sie zu Abwasserkloaken degradiert oder sie zu in Beton gezwängten Gerinnen verwandelt. Manches Dorf kennt heute seinen – mittlerweile verrohrten – Bach gar nur noch aus der Vergangenheit.

Nur Wenige haben das besondere Glück, mit ihrem Grundstück an einen Bach anzugrenzen. Bachanrainer sollten diesen wertvollen natürlichen Lebensraum hegen und pflegen. Seine Ufer naturnah mit Erlen oder Weiden bepflanzen (Fichten gehören in den Schwarzwald, nicht an unsere Bäche!). Und keinesfalls die Böschungen mit allerlei ungeeigneten Materialien wie Wellblech, Wasserrohren, Leitplanken „nach saarländischer Art" verbauen. Auch Mähgut und Gartenabfälle gehören wegen der damit verbundenen Überdüngung nicht in oder an den Bach – von Müll ganz zu schweigen. Als Belohnung winken unvergessliche Augenblicke mit Bachbewohnern: der erschreckt davonflüchtenden Forelle, der knicksenden Wasseramsel, dem blauschillernden Eisvogel.

Der Vorgarten

„Vorgärten, Pflanzstreifen vor der Fassade oder gar Zierrasen an der Straße gab es früher in den Dörfern nicht. Ganz abgesehen davon, dass diese Flächen als Abstellplatz benötigt wurden, hätte das auch nicht gutgehen können. Da wurde täglich das Vieh durchs Dorf getrieben, Kühe und Schweine. Und die hätten die Zieranlagen übel zugerichtet. Nicht umsonst waren die Hausgärten immer von Zäunen oder Hecken umgeben." Aus der Saarländischen Bauernhausfibel von Joachim Güth und Heinz Quasten stammen diese Sätze. Sie machen deutlich, dass Vorgärten eine recht neue Erscheinung sind. Die traditionellen Arbeiterhäuser im Saarland stehen meist zu dicht an der Straße, für Vorgärten ist da kein Platz. Immer ein Plätzchen findet sich aber für den Holunderbusch, der das Bild des Hauses wunderschön abrundet.

Vorgärten finden sich heute vor umgebauten Bauernhäusern und vor allem vor Häusern, die nach dem 2. Weltkrieg gebaut wurden. Und natürlich in den Neubaugebieten. Als Standardlösung für ihre Gestaltung bieten Industrie und Gartenplaner allerlei immergrüne Koniferen und kurzgeschorenen Rasen, garniert mit Gartenzwergen, Gipsbambis, Windmühlen und Wackersteinen an – eingerahmt von Jägerzäunen oder Klinkersteinmauern. Manch einer meint es besonders gut, bepflanzt den Schubkarren des Großvaters mit Geranien oder verwandelt einen alten Traktorreifen in ein Blumenbeet. Nostalgiekitsch pur.

Dabei gibt es durchaus Alternativen zur immergrünen Langeweile. Grundsätzlich hat man heute bei der Gestaltung des Vorgartens all die Möglichkeiten, die auch der Garten hinterm Haus bietet. Schon Bauerngärten schmückten sich mit einer ganzen Palette robuster, reichblühender Staudenpflanzen (vergleiche das Kapitel Alte Kulturpflanzen). Ein Hausbaum kann

eine wunderschöne Visitenkarte für Haus und Vorgarten sein.

Zum Vorgarten gehört auch der Blumenschmuck am und vorm Haus. Dazu sei wieder aus der Bauernhausfibel zitiert: „Blumen in Kästen auf den Fensterläden, das ist heute ein überall anzutreffender Schmuck an den Häusern in unseren Dörfern. Es ist in Vergessenheit geraten, dass es das bis in die Zeit vor dem letzten Krieg an saarländischen Bauernhäusern viel seltener gab. Wer alte Fotografien durchmustert, wird nur manchmal einen Blumentopf vor einem Fenster entdecken. Dieser Platz war für das Aufstellen von Pflanzen nämlich wenig geeignet, weil sie hinderlich waren beim Schließen der Klappläden. Die Läden machte man gelegentlich auch im Sommer zu, wenn es sehr heiß war oder wenn man verdunkeln wollte." Ähnliches ließe sich auf für Arbeiterhäuser sagen: Blumenschmuck auf der Fensterbank von Arbeiterhäusern war eher untypisch.

Nun ist gegen ein paar Blumen sicher nichts einzuwenden. Problematisch wird's, wenn sie zum bestimmenden Element werden und sich ein regelrechter Geranienbrei von den Fensterbänken über die Fassade

Vorher: armselige Krüppelkoniferen in Waschbeton-Boliden – mit Unkraut-Ex „gepflegt".
Nachher: ein bunter Vorgarten mit Kletterrose, Stockrose und Feuerlilie.

Hinter Gittern: Hier sollten sie auch bleiben! –

Koniferen-Einfalt mit Cotoneaster garniert – immergrüne Monotonie zum Abgewöhnen.

Ein mit reichlich Stauden gestalteter, gelungener Vorgarten in einem Neubaugebiet in Wemmetsweiler. Nachahmer erwünscht!

Oleander in Holzkübeln sind typisch im Saarland.

ergießt. Hier gilt: Weniger ist oft mehr.

Gut machen sich im ländlichen wie städtischen Bereich Kübelpflanzen. Blumen und Sträucher in Töpfen und Kübeln vorm Haus ergänzen etwa seit dem 18. Jahrhundert den Garten. Sie bildeten dessen räumliche Erweiterung auch auf befestigten Flächen und dehnten ihn gewissermaßen auch zeitlich aus. Nämlich in den Herbst und Winter hinein, wenn beispielsweise der Oleander im Haus die kalte Jahreszeit überstand. Im Saargau mit seiner Klimagunst ist der Lorbeer die häufigste Kübelpflanze, es folgen Geranien und Agave. Als typisch dürfen inzwischen auch Petunien, Begonien und Yucca gelten. Beim Material der Kübel sollte man den natürlichen Materialien Holz und Ton vor Kunststoff-Imitaten den Vorzug lassen – schon aus ästhetischen Gründen. Während Kunststoff durch das Altern eher hässlicher wird, gewinnen Ton und Holz durch die Patina, die sich mit der Zeit bildet. Auch gegen den Weihnachts-Kaktus, in alten verzinkten Einmachtöpfen gepflanzt, ist nichts einzuwenden.

Alte Kulturpflanzen

In Bauerngärten hat sich über die Jahrhunderte ein großer Bestand an ein- und mehrjährigen Blumen und Stauden herausgebildet. Viele dieser Pflanzen waren nicht nur Zierde, sondern dienten auch zum Färben von Stoffen, als Hilfsmittel beim Wäschewaschen sowie als Heil- und Gewürzkraut. Die hier zusammengestellte Auswahlliste soll eine Anregung sein, auf diese alten Kulturpflanzen bei der Gartengestaltung zurückzugreifen. Alle diese Arten haben eine lange Tradition in saarländischen Gärten. Beim Kauf von Stauden sollte man ungefüllte Formen vorziehen. Lassen Sie sich die wissenschaftlichen Namen nennen, damit man Ihnen keine neumodischen Züchtungen unterjubelt!

Die Sonnenblume kam aus der Neuen Welt in unsere Gärten.

Blumen und Stauden im Bauerngarten

Die folgenden Blumen und Stauden haben Tradition in saarländischen Bauerngärten:

Akelei, Bartnelke, Christrose, Dahlie, Eibisch, Eisenhut, Federnelke, Fetthenne, Feuerlilie, Fingerhut, Flammenblume (Phlox), Fuchsie, Gladiole, Goldlack, Herbstaster, Immergrün, Kaiserkrone, Kapuzinerkresse, Königskerze, Lampionblume, Levkoje, Löwenmaul, Maiglöckchen, Narzisse, Pfingstrose, Primel, Ringelblume, Rittersporn, Rose, Schneeglöckchen, Schwertlilie, Sommeraster, Sonnenblume, Schleierkraut, Springkraut, Stiefmütterchen, Stockrose, Studentenblume, Strohblume, Tränendes Herz, Traubenhyazinthe, Türkenbund, Tulpe, Veilchen, Vergissmeinnicht, Wicke, Zinnie.

Viele Dorfbiotope mit ihrer typischen Flora sind nach dem Krieg unter grauen Verbundsteindecken verschwunden.

Ein schöner Blütenaspekt eines alten Bauerngartens in Illingen.

Sicher nicht unbedingt eine Augenweide, doch solche „Dreckecken" sind aus vielen Dörfern verschwunden – und mit ihnen die charakteristischen Ruderalpflanzen.

Lebendige Unordnung

Wildwuchs – ein heikles Kapitel. Schließlich hat jeder Gärtner eine genaue Vorstellung davon, was Ordnung und was schön ist. Gerade wir als ordnungsliebend bekannten Deutschen haben's auch im Garten gern akkurat und gepflegt. Halt ähnlich propper wie im Wohnzimmer.

In der Natur sieht es ganz anders aus. Hier liegt im Ungeplanten, dem scheinbaren Chaos die große Systematik begründet. Aber wenn Pflanzen irgendwo spontan Fuß fassen, neue Flächen vereinnahmen, dann geschieht dies ebenfalls mit verblüffender Ordnung. Nur passt diese nicht in das Weltbild der meisten Gärtner: Sie wollen alles „im Griff" haben, besitzen eine eigene Vorstellung von dem, was wo zu wachsen hat.

Wir wollen dem Gärtner in seinem Reich eine lebendige, natürliche Unordnung empfehlen. Das heißt nicht, dass man einfach alles wachsen lässt! Sondern in Ergänzung zum Gemüsegarten mit seiner systematischen Pflanzanordnung Unordnung an passender Stelle gestaltet. Und so der Natur im „Kulturereignis Garten" neue Wege öffnet.

Biotopholz

Totholz ist ein furchtbares Wort. Zwar ist das Holz tot, doch darin wimmelt es nur so von Leben. Vor allem holzzersetzende Kleinlebewesen, insbesondere Käferlarven, finden sich ein. Solch ein unscheinbarer Haufen von wahllos übereinandergestapelten Holzstücken und Reisig ist eines der artenreichsten Kleinbiotope in unserem Garten. Statt Totholz ist daher Biotopholz die treffendere Bezeichnung.

Bei absterbenden Bäumen sollte man den Baumstumpf für Vögel und Insekten unbedingt stehen lassen. Reisig sollte nicht bei den ersten warmen Sonnenstrahlen verbrannt werden. Vielleicht kostet diese Aktion dem Igel das Leben. Eine Ausnahme: Baumschnitt von kranken Bäumen

*Das Heizen mit Holz kommt wieder mehr in Mode. Solche Holzstapel nutzen viele Tiere als Unterschlupf. –
In ein Nest des Zaunkönigs sind Wespen als Nachmieter eingezogen.*

Brennnesseln sind die Futterpflanzen für die schwarzen Raupen des Tagpfauenauges. Wer den wunderschönen Falter fördern will, sollte für Brennnesseln ein Eckchen reservieren.

sollten Sie verbrennen oder über die Mülltonne entsorgen.

Brennnesselecke

Wer die Raupe nicht ehrt, ist den Schmetterling nicht wert! Denn aus der nur scheinbar hässlichen Raupe entwickelt sich oft der schönste Schmetterling. Gerade an der verfemten Brennnessel leben die Raupen so herrlicher Falter wie Tagpfauenauge, Kleiner Fuchs, Landkärtchen, Distelfalter, C-Falter und Admiral. Zwar allesamt keine bedrohten, aber deshalb nicht weniger liebenswerten Arten. Bietet man den eher anspruchslosen Faltern zusätzlich zu den Brennnesseln ein ausreichendes Angebot an Nektarpflanzen (z.B. Disteln, Hornklee und Echter Dost), werden diese Schmetterlinge längere Zeit im Garten verweilen. Vor allem aber die Buddleia (auch Sommerflieder oder treffend Schmetterlingsstrauch genannt) zieht die Falter aus der Umgebung magisch an.

UN-Kraut?

Das für die Brennnessel Gesagte gilt übertragen auch für andere Arten, insbesondere die sogenannten Ruderalpflanzen – die vielfach als „lästige Unkräuter" denunziert werden. Dazu gehören etwa die wenig beliebten Disteln und die hübsche Wilde Karde. Oder die heimischen Hochstauden wie Rainfarn, Nacht- und Königskerze sowie die Wilde Möhre. Diese Ruderalpflanzen verschwinden erschreckend schnell aus saarländischen Dörfern, wie jüngst eine wissenschaftliche Untersuchung gezeigt hat. Sogenannte Dreckecken beispielsweise mit dem Guten Heinrich sind heute schon schützenswerte Dorfbiotope!

Viele Zeitgenossen tun solche zum Großteil überaus hübschen Blumen als unnütze Un-Pflanzen, eben „Unkräuter"

Eine ganz besonders attraktive Vertreterin aus der Gruppe der Disteln ist die Wilde Karde.

So dekorativ können „Unkraut"-Fluren sein.

ab. Es kommt, wie überall, auf den Blickwinkel an. Die herrlichen Acker-Wildkräuter Mohn und Kornblume schmälern den Ertrag des Bauern – doch Spaziergänger freuen sich über sie.

Die Brennnessel – generell ein UN-Kraut? Der Gemüsegärtner reißt sie im Gemüsebeet zu Recht heraus, weil sie dem daneben stehenden Salat die Nährstoffe raubt. Ein anderer macht davon eine wohlschmeckende Wildkräuter-Suppe oder Spinat. Ein Dritter holt sie schließlich eigens in seinen Naturgarten, um Schmetterlinge anzulocken. Und ein Vierter kann sie nirgendwo stehen lassen, weil das so unordentlich aussieht. Aber könnte sie nicht bei jedem Gärtner am Komposthaufen, wo sie sich von selber angesiedelt hat, eine Heimstatt behalten?

Zum „UN-Kraut" erklärt wird eine Pflanze letztlich durch die Sichtweise des Menschen. Oder den Ordnungstrieb vieler Gärtner. Nichts zeigt dies besser als das folgende Gedicht, das mir meine Oma überliefert hat.

Unkraut

Ein Bauer steht an seinem Feld
und zieht die Stirne kraus in Falten.
Hab doch den Acker wohl bestellt,
auf reine Aussaat stets gehalten.
Doch schau mir eins das Unkraut an,
das hat der böse Feind getan.

Da kommt der Knabe hochbeglückt,
mit bunten Blumen reich beladen.
Im Felde hat er sie gepflückt;
Kornblumen sind es, Mohn und Raden.
Sieh Vater, sieh nur all die Pracht,
die hat der liebe Gott gemacht!

Nie, nie, nie Chemie!

Im Gebiet der alten Bundesrepublik wurden jährlich mehr als 50 000 Tonnen

Aus den Ritzen im Beton hat sich das Veilchen herausgezwängt. Wunderschöne Farbtupfer im hässlichen grauen Beton. Doch viele ordnungsliebende Mitbürger glauben, es unbedingt von dort wieder mit dem Messer – oder noch schlimer: der Giftspritze – entfernen zu müssen.

Gift als Schädlingsbekämpfungsmittel verspritzt. Also fast 1 kg pro Einwohner. Genug, um jeden umzubringen. Allein die Hobbygärtner geben dafür im Jahr fast 500 Millionen Mark aus. Geld, das zweifellos im Naturschutz besser angelegt wäre.

Der aufgeklärte Naturgärtner verwendet nie chemische Gifte. Weil sie nie nur die Art treffen, die man nicht haben möchte. Sondern immer andere mit töten. Siehe Schneckenkorn und Igel. Und weil die unzähligen Generationen unserer Vorfahren und Biogärtner in aller Welt beweisen, dass man die Pflanzen im Garten auch auf biologisch vertretbare Weise schützen kann. Schließlich sind wir im Garten nicht auf mengenmäßige Spitzenerträge aus. Sondern auf Obst und Gemüse, das spitze im Geschmack, giftfrei und gesund ist.

Ungenutzt nutzt

Generell gilt: Unordnung macht Gärten lebendig. Im Prinzip nützt der Natur jedes kleine Eckchen, das ungenutzt (brach) liegen bleibt: vor allem an Grundstücks-Rändern, auf dem Steine-Zwischenlager, der kleinen Restfläche, die man nach dem Hausbau immer noch gestalten wollte. Gerade auf solch schwierigem steinigen Untergrund wachsen Ruderalpflanzen wie Natternkopf oder Königskerze. Es erhöht die Vielfalt der vorhandenen Strukturen in unserem Garten und hat nichts damit zu tun, dass der Gartenbesitzer zu faul zum Mähen wäre! Und ist mit Sicherheit auch

Früher ein lästiges Ackerunkraut, heute eine Art der Roten Liste: die Kornrade. Im Gärten lässt sie sich leicht an offenerdigen Stellen ansäen.

optisch vorteilhafter als die allerorten anzutreffende Rasen- oder Verbundstein-Langeweile. Das Schöne: Auch der Nachbar stört sich kaum noch dran, weil die Unkrautverordnung längst abgeschafft ist.

Herbstlaub

Immer noch werden Bäume gefällt, weil man den Dreck, sprich die Blätter, satt hat. Wenn man die Blätter im Wald nicht kehrt, warum tut man es dann im Garten? Laub schützt, düngt und belebt den Boden, gibt vielen Bodentieren Nahrung und Unterschlupf. Die zweitbeste Lösung ist es auf dem Komposthaufen zu lagern, die schlechteste es in die Mülltonne zu werfen. Am Allerbesten lässt man es einfach im Garten liegen!

Die grazile Prunkwinde geht mit dem „hölzernen" Lattenzaun eine harmonische Verbindung ein.

Solch einfallsloses Behördengrün hat in Privatgärten nichts zu suchen!

Zauberwort Cotoneaster?

Was mache ich mit dem ein paar Quadratmeter großen Hang, bei dem mir der Rasen zu viel Arbeit macht? Es gibt wahrlich bessere Alternativen als solche Flächen mit Cotoneaster zuzudecken. An die Stelle dieses ökologisch wertlosen, unansehnlichen Behördengrüns gehören Stauden, Wildstrauch- oder Wildblumen-Hecken. Letztere bestehen aus ein- und zweijährigen, meist höherwüchsigen Blumen wie Bienenfreund, Ringelblume, Wegwarte, Natternkopf, Wilde Möhre, Witwenblume oder anderen. Sie werden wie eine Blumenwiese ausgesät (es gibt fertige Samenmischungen), aber nicht gemäht. Wie so oft ist die allereinfachste Lösung auch die billigste: einfach wachsen- und brach liegen lassen.

Experimentierfelder

Wer von Natur aus neugierig ist, für den sind die nachfolgenden Anregungen gedacht. Ein paar Quadratmeter Boden öffnen und Acker-Wildkräuter einsäen. Das ergibt noch im selben Jahr die bunte Blütenpracht aus Mohn, Kamille, Kornblume und Kornrade, die früher an jedem Feldrain zu bewundern war. Übrigens: Einige Eimer Erde vom Biobauer tun's auch.

Sie können auch einmal einen Humushügel oder Sandhaufen ein Jahr lang offen liegen lassen: Im Handumdrehn siedeln hier Pioniere unter den Pflanzen, die Sie vielleicht noch nie in Ihrem Garten gesehen haben.

Selbst Komposthaufen können noch ideale Brutstätten für Tiere sein: Im Naturgarten meines Vaters hatten dort bereits zweimal Ringelnattern ihr Gelege. Und ich konnte beobachten, wie die völlig harmlosen Jungnattern aus den pergamentartigen Eiern ausschlüpften – ein großartiges Naturschauspiel.

Hier wohnt ein Professor, bei dem das Gras in der Garageneinfahrt wachsen darf.

Liebenswerte Gäste

Naturgärtner sind gute Gastgeber: Sie bieten Tieren Quartiere an und freuen sich über ihre Anwesenheit. Vögel danken es mit schönem Gesang, Schmetterlinge und Libellen mit ihrer Farbenpracht.

Nisthilfen haben Tradition. Dabei sind sie nichts anderes als Ersatz für alte Bäume mit Faulstellen und Spechthöhlen, die natürliche Nisthöhlen bieten. Deshalb sollten Sie für unsere Singvögel die alten Bäume in Ihrem Garten unbedingt erhalten! Zusätzlich können Sie noch Nistkästen für folgende Arten anbringen:

- Meisen, Feldsperling (geht immer stärker zurück!), Trauerschnäpper (Flugloch-Durchmesser 32 mm)
- Blaumeise (Durchmesser 28 mm), Gartenrotschwanz (Flugloch oval, 45 x 30 mm)
- Star (50 mm Durchmesser)
- Hausrotschwanz, Bachstelze, Grauschnäpper (Halbhöhle, ein vorne zur Hälfte offener Nistkasten).

Nisthilfen hängt man am besten von Kopfhöhe bis maximal drei Meter in Süd- oder Südostrichtung auf. In Vogelnistkästen quartieren sich bisweilen auch Gäste wie Hummeln, Wespen, Hornissen, Mäuse oder Siebenschläfer ein. Seien Sie froh über diesen unerwarteten Besuch und vertreiben Sie die Tiere nicht.

Erschreckend zurückgegangen ist die Zahl der Schwalben. Während früher kein Dorf im Saarland ohne Schwalben war, gibt es heute immer mehr schwalbenfreie Zonen. Wenn bei Ihnen unter dem Dach Mehlschwalben brüten, dann freuen Sie sich über die hübschen unermüdlichen Insektenjäger. Und ignorieren Sie die paar Kotkleckse auf der Fensterbank. Viele

Schwalben leiden unter Wohnungsmangel, weil solche Pfützen selten geworden sind. Dort holen sie sich das Material für den Nistbau. Das Foto zeigt eine Mehlschwalbe.

Naturgärtner würden gerne mit Ihnen tauschen. Wer gerne Schwalben an seinem Haus haben möchte, kann es mit einer Nisthilfe versuchen: Manch eine Mehlschwalbe wurde durch das Anbringen der original saarländischen Schwalbenhilfe von Ludwig Schwarzenberg (St. Ingbert) zum Brüten unter dem Hausdach veranlasst.

Der große schwarze Bruder der Schwalben ist der Mauersegler. Dieser ungekrönte König der Lüfte ist mittlerweile ein ausgesprochener Stadtvogel geworden. Er kann selbst in Saarbrücken häufig beob-

Ludwig Schwarzenberg bringt die von ihm erfundene „saarländische Schwalbenhilfe" unter einem Hausdach an – eine wirkungsvolle Hilfe für die Mehlschwalbe.

Um einen Kernbeißer im Garten zu beobachten, muss man schon etwas Glück haben. Mit seinem imposanten Schnabel kann er sogar Kirschkerne knacken.

Ein mit Löchern versehenes Stück Hartholz ist eine einfache, aber wirkungsvolle Nisthilfe für Insekten.

Beim Besuch von Malvenblüten ist diese Honigbiene mit Pollen eingepudert worden.

achtet werden. Zum Brüten braucht er kleine Hohlräume im Gemäuer oder zwischen den Dachziegeln. Vielleicht lassen Sie ihm an Ihrem Haus eine Ritze frei oder bauen ihm einen Niststein in der Hauswand ein. Wenn Sie darüber hinaus gezielt bedrohten Arten wie Eulen oder Fledermäusen helfen wollen, wenden Sie sich bitte an den Naturschutzverein in Ihrer Gemeinde oder an den NABU.

Aus Naturschutzgründen ist die Winterfütterung von Vögeln nicht erforderlich. Das Futterhäuschen beim Haus bietet aber eine ganz ausgezeichnete Möglichkeit, die gefiederten Gäste aus allernächster Nähe zu beobachten.

Leider wird bei der Fütterung der Vögel aus falsch verstandener Tierliebe oft übertrieben und manches falsch gemacht. Füttern sollten Sie nur bei strengem Frost, einer geschlossenen Schneedecke oder bei Glatteis und Raureif. Ein vorheriges Anfüttern und Gewöhnen an die Futterstelle ist nicht erforderlich. Die Futterstelle darf nicht durch Vogelkot verschmutzt sein. Dann droht den Vögeln eine Salmonellen-Vergiftung, durch die jedes Jahr schätzungsweise mehr Vögel sterben als durch die Fütterung gerettet werden.

Sehr dankbar sind die Vögel während des ganzen Jahres über eine Möglichkeit zum Trinken und zum Baden. Für solch eine kleine flache Vogeltränke ist in jedem Garten Platz. Sie zieht Vögel, Bienen und Schmetterlinge aus der näheren Umgebung an und bietet ebenfalls schöne Beobachtungsmöglichkeiten.

Über 200 verschiedene Wildbienen

Auch den Hunderten von Wildbienen-Arten kann man Nisthilfen anbieten. Sie „brüten" gerne in Klötzen aus Eichen- oder Buchenholz, die mit unterschiedlichen Bohrern (2 - 10 mm) gelöchert und an einem sonnigen, regen- und windgeschützten Platz aufgehängt werden. Strohhalme oder Schilfstängel – waagerecht in Dosen gesteckt oder gebündelt – eignen sich ebenfalls.

Für Hummeln kann man Vogelkästen bis zum Flugloch mit Moos füllen. Erdbewohnende Arten nehmen in den Boden eingegrabene Blumentöpfe, die zu dreiviertel mit Moos gefüllt sind, für die Jungenaufzucht an. Die Blumentöpfe sollten mit einem Brett oder einer Steinplatte abgedacht werden, damit der Regen nicht ins Loch läuft. Der Fachhandel bietet auch große Nistkästen für Hummeln an. Die vielgestaltigen Wildbienen und Hummeln, über die viele Menschen so wenig wissen, sind faszinierende Beobachtungsobjekte.

Für die nützlichen Ohrwürmer hängen Bio-Gärtner gerne moosgefüllte Blumentöpfe (Öffnung nach unten) an Bäumen auf. Selbst Steinplatten können funktionelle handgemachte Mini-Lebensräume sein: eine dicke Platte über einer Mulde als Winterquartier für Amphibien oder eine sonnenbeschienene als Örtlichkeit für Ameisennester oder Sonnenheizungen für Blindschleichen. Dem Igel kann man im Reisighaufen mit Hilfe einiger Holzscheite eine geeignete Winterschlafkammer herrichten. Das flinke Wiesel wählt sich häufig simple Steinhaufen als Wohnburg aus.

Hummeln nehmen gerne umgestülpte Blumentöpfe als Nisthilfe an. – Feldwespen bauen sich ihre kunstvollen Nester aus einer papierähnlichen Masse selbst.

Obstbäume sind Klettergerüste für Kinder – und selbst eine Schaukel lässt sich daran befestigen.

Kinder im Garten

Natürlich sind Kinder als liebenswerte Gäste in unserem Naturgarten willkommen. Gerade ein nicht zu akkurat gestalteter, etwas wilder Garten lädt Kinder zum Spielen ein, bietet Nischen und Verstecke. Und jede Menge Beobachtungsmöglichkeiten von Tieren. Etwa beim „Tümpeln" im Teich. Oder wenn man fütternde Meisen am Nistkasten aus einem Versteck heraus beobachtet. Schließlich das Bestaunen des Mikrokosmos – wenn man bäuchlings in der Blumenwiese liegt. Ein einzigartiges Freilandlabor Natur – nicht nur für Kinder! Direkt vor der Haustür. Und spannender als jeder Fernsehfilm und jedes Computerspiel.

Weiden-Zauber für Kinder

Kinder bauen sehr gerne Häuschen, schaffen sich mit Phantasie und Einfallsreichtum eine eigene Welt. Eine große Freude kann man ihnen mit Bogengängen, Tunneln oder einem Tipi aus Weiden bereiten. Diese lassen sich leicht gemeinsam mit den Kindern bauen.

Im Frühjahr in die Erde gesteckt, treiben Weiden mit ihrer einzigartigen Lebenskraft sehr schnell aus. Für einen Kriech- oder Lauftunnel steckt man Weidenbögen im Abstand von 10 bis 20 cm in den Boden. Man stabilisiert diese mit eingeflochtenen dünnen Ruten. Die neuen Triebe kann man herunterbinden und wiederum in die Bögen einflechten, damit der Tunnel schön dicht wird. Ebenso leicht gelingt der Bau eines Indianerzeltes, des Tipi. Dazu steckt man zehn bis zwölf etwa 2,5 m lange Weidenäste (Durchmesser etwa 5 - 10 cm) ähnlich wie Bohnenstangen, so dass sie sich in der Mitte überkreuzen. Ruten quer einflechten, Weidenaustrieb abwarten – fertig. Aber vorher an den Eingang für die Kleinen denken!

Übrigens wirken die Spuren, die Kinder beim Spielen hinterlassen haben, in einem Naturgarten weniger störend. Ja, oft fallen sie überhaupt nicht auf.

Natur am Haus

Ein schöner Garten und ein dazu passendes Haus bilden eine harmonische Einheit. Vor allem, wenn das Haus mit roten Tonziegeln (die früher allesamt aus den Ziegelhütten der näheren Umgebung stammten) bzw. Schiefer (an der Mosel und im Hunsrück) gedeckt ist. Peinlich und unpassend wirken dagegen die eigenartigen Flachdachbauten der 70-er Jahre. Besonders Garagen wurden so errichtet.

Dachwiesen

Für die unschönen Flachdächer bieten sich zwei Verwandlungsmöglichkeiten an: Entweder ersetzt man das Flach- durch ein Satteldach. Oder man legt auf dem Flachdach eine Dachwiese an. Solche Dachwiesen sind keine Erfindung unserer Zeit. Sie sind in vielen Ländern (z.B. Skandinavien, Kanada oder im Alpenraum) schon seit Jahrhunderten bekannt. Früher wuchsen Dachwiesen in Deutschland häufiger auf Köhlerhütten. In den Saarlouiser Kasematten dienten sie einst als Bombardierschutz.

Dachwiesen sind aus ökologischen und ökonomischen Gründen gleichermaßen sinnvoll: Sie nutzen der Natur und sind billiger als die meisten Wärmedämmungen. Beispielsweise speichern sie Regenwasser, dämmen den Schall, kühlen bei Hitze und schützen vor Kälte. Die Wärmespeicherfähigkeit der bepflanzten Erde senkt die Temperaturschwankungen auf dem Dach (normalerweise bis zu 100 Grad!) um mehr als die Hälfte. Dass sich damit gleichzeitig die Lebensdauer eines solchermaßen begrünten Daches verlängert, ist eine angenehme Begleiterscheinung. Insgesamt sind Energieeinsparungen von bis zu 30 % möglich.

Sind Dachwiesen einmal angelegt, ist keine weitere Pflege mehr nötig: Sie brauchen also weder mit dem Rasenmäher auf's Dach noch müssen Sie sich ein schwindelfreies Schaf anschaffen. Auch Düngen und

Die genügsame Dachwurz besticht durch ihre anmutige Blüte.

Manch ein Dach wie das hier in Wochern, das mit Mönch und Nonne eingedeckt ist, begrünt sich mit der Zeit selbst.

Die einjährige Kapuzinerkresse nutzt jede Kletterhilfe. Ihre Blätter geben dem Salat Würze, ihre Blüten bereichern ihn optisch.

Wässern entfallen. Denn auf Dachwiesen werden trockenheitsliebende Pflanzen wie Mauerpfeffer-, Thymian- und Nelken-Arten eingebracht. Und – nomen est omen – die Dachwurz. Dieses interessante Dickblattgewächs, das bereits im Kapitulare Karls des Großen erwähnt wird, kommt ohne Erde aus! Vielleicht experimentieren Sie auf einer kleinen Fläche Ihres Garagen-Flachdachs und beginnen mit der Dachwurz Ihre Dachbegrünung.

Balkongärten

Balkone sind grüne Oasen mitten in der Stadt. Viele Stadtmenschen wollen auf ihren Balkon am allerwenigsten verzichten. Machen immer häufiger hier Urlaub, sonnen sich – oder grillen Lyoner und Schwenker. Und es gibt wirklich herrliche Balkone. Balkone, die direkt mit der Wohnung verbunden sind und an verwunschene Lauben erinnern.

Jede Pflanze auf dem Balkon macht diesen ein Stückchen lebendiger, lebens- und liebenswerter – und damit die gesamte Stadt. Jedes Blümchen verbessert das Stadtklima ein wenig, indem es Schadstoffe filtert und den Städter genauso erfreut wie den Landmenschen, der gerade zu Besuch ist.

Schon ein unscheinbarer Kräuterkasten – oder gar eine kleine Kräuterspirale (siehe Kapitel Trockenmauern) – bezaubert auf dreifache Art: durch den ätherischen Duft, den hübschen Anblick und den würzigen Geschmack der Kräuter in der Lieblingsspeise. Kräuter wie Lavendel, Majoran, Berg-Bohnenkraut oder Thymian versprühen einen Hauch von Urlaubsstimmung. Und locken – selbst in der Stadt – zusätzlich Bienen oder viele Falter an. Jedenfalls müssen Balkonkästen nicht immer nur mit Geranien, Petunien oder Fuchsien bepflanzt werden.

Kolibri oder Schmetterling?

Sollten aus Ihren Kästen jedoch Hänge-Geranien hervorquellen, haben Sie die Möglichkeit, einen absonderlichen Schmetterling zu bestaunen. Auch in der Stadt schwirrt manchmal ein kolibriähnliches Flugobjekt herbei und saugt mit seinem langen Rüssel Nektar aus einer Geranien-

Lavendelblüten – ein Hauch von Provence im Vorgarten.

blüte. Dabei sitzt der Schmetterling nicht auf der Blüte, sondern steht quasi mit unglaublich schnellem Flügelschlag vor ihr. Diese braunen Taubenschwanz-Schwärmerchen (übrigens Nachtfalter, die nur tagsüber fliegen!) kommen jedes Jahr aus Afrika zu uns.

Klassisch sind größere Pflanzen in Kübeln. In unseren katholischen Dörfern standen früher häufig Lorbeer-Bäumchen, die an Fronleichnam zum Schmuck der Altäre verwandt wurden, neben der Haustür. Was lässt sich nicht alles in Kübeln kultivieren: Feuerbohnen, Tomaten, Kapuzinerkresse und, und, und. Der Fantasie sind da keinerlei Grenzen gesetzt. Vielleicht probieren Sie es auch einmal mit einjährigen, kleinwüchsigen Kletterpflanzen wie der Schwarzen Susanne, der Prunkwinde, dem Zierkürbis oder Wicken.

Übrigens: Es müssen nicht immer teure Töpfe aus Terracotta sein. Aus Holzbrettern gezimmerte Kübel erfüllen genauso ihren Zweck. Hyperbolide aus Asbestzement, oder Baumarktlösungen wie Waschbeton-Tröge bzw. barocke Nachempfindungen aus Kunststoff und Beton sind oft teuer und wirken deplatziert. In jedem Fall sollten die Pflanzgefäße Abzugslöcher besitzen, damit die Pflanzen nicht ersaufen. Und möglichst hoch sein, damit sie im Sommer nicht so schnell vertrocknen. Wie wär's zum Beispiel mit einem wassergefüllten Holzfass, das mit Röhrichtpflanzen bestückt wurde? Selbst solch ein kleiner Lebensraum zieht schon Wasserinsekten an.

Lauben

Hübsche Kletterpflanzen und ein stabiles Gerüst machen aus Ihrem Balkon eine idyllische Laube oder Pergola, wie man im Saarland sagt. Mit einer Laube holen Sie sich romantische Urlaubsstimmungen aus Mittelmeerländern ans Haus. Als Ihnen bei einem verträumten Tête à Tête die reifen Trauben quasi in den Mund wuchsen. Alle solche Lauben sind auch bei uns auf dem Balkon oder der Terrasse möglich – und das mit erstaunlich wenig Aufwand. Es muss ja nicht immer gleich ein Wintergarten sein. Geeignet zum Beranken sind unter anderem (siehe auch nachfolgendes Kapitel Kletterpflanzen) Glyzinie, Pfeifenwinde, Wilder Wein, Clematis und Geißblatt. Weinrebe, stachellose Brombeere und Kiwi liefern sogar noch zusätzlich Früchte.

Kolibri oder Schmetterling? Der Taubenschwanz besucht nicht nur Geranien, sondern saugt auch gerne an der Nektarpflanze für Schmetterlinge: Buddleia.

Die im Gebirge heimische Alpen-Waldrebe gibt es mit hellblauen oder weißen Blüten.

Der Wilde Wein entzündet mit seiner roten Herbstfärbung ein Feuerwerk an Farben. Man würde sich wünschen, dass viele dem Beispiel dieses Hausbesitzers am St. Johanner Markt in Saarbrücken folgten.

Kletterpflanzen

Städte, Häuser, Mauern und Gärten können mit Kletterpflanzen viel lebendiger werden. Das hochrankende Grün passt zu Hausmauern und Garagen. Es umschlingt Zäune, umrahmt Balkone, hängt von Dächern herab oder lässt die Pergola unter einem dichten Blätterpelz verschwinden.

Was heute erst wiederentdeckt und wissenschaftlich untersucht werden muss, kannten unsere Vorfahren schon aus Erfahrung. In vielen Büchern kann man die Vorzüge von Kletterpflanzen nachlesen. Kurz gesagt: Kletterpflanzen schaden weder dem Mauerwerk noch einem intakten Putz. Sie sind bauphysikalisch, wärmetechnisch und ökologisch vorteilhaft. Sie kühlen die Hauswände im Sommer, wärmen im Winter und halten mit ihrem dichten, dachziegelartig angeordneten Blätterwerk Wind und Wetter von der Mauer fern. Sie produzieren Sauerstoff und binden Staub. Und machen aus manchem Haus ein echtes Schmuckstück. Es gibt also reichlich Argumente für Kletterpflanzen – und kaum welche dagegen.

Ihr Haus im grünen Pelz

Ausnahmsweise bietet die heimische Pflanzenwelt in diesem Fall nicht genug: Im Saarland wachsen mit Efeu (in Buchen-Hochwäldern), Hopfen (in Auwäldern), Clematis/Waldrebe (in Hecken), Waldgeißblatt, Zaunrübe und Zaunwinde nur knapp mehr als eine Handvoll Kletterpflanzen. Daher ist es sinnvoll, hier auch einmal auf Exoten zurückzugreifen.

Aber: Auch am Haus müssen Pflanzen, Mauern und Standort zusammen passen! Als empfehlenswerte Standardlösung bieten sich der immergrüne Efeu auf der Nordseite und der Wilde Wein mit seinem leuchtend gefärbten Herbstlaub auf der Südseite an.

Beide sind Selbstkletterer, die sich mit Haftwurzeln am Untergrund festhalten. Andere Kletterer benötigen Hilfen: Holzspaliere, Drahtgitter, Drähte oder Stäbe, die im Abstand von mindestens 20 cm von der Hauswand angebracht sein müssen. Das Duo Efeu und Wilder Wein ist vor allem

Von allen Kletterpflanzen blüht der Blauregen am üppigsten.

Eine alte Kletterrose ziert den Eingang des Bauernhauses in Berschweiler.

Dieses Ehepaar ist zu Recht stolz auf seinen grünen Hausmantel aus Efeu.

für Ost- und Westseiten empfehlenswert. Hier hält es Wind und Regen ab. An diesen Stellen gedeihen auch Klettermaxe wie die Clematis-Arten (besonders hübsch: die hellblaue heimische Alpen-Waldrebe), Glycinie (treffend auch Blauregen genannt), Kletterhortensie, Trompetenwinde, Knöterich, Hopfen, Geißblatt und Kletterrosen. An der warmen Südseite sind insbesondere die Weinrebe und Spalierobst sehr gut geeignet.

Die rankenden und schlingenden Kletterpflanzen sind vielseitig begabt. Sie wollen durchaus nicht nur immer an der Wand lang. Eine Pergola, ein Sichtschutz-Spalier oder ein Rosenbogen werden rasch von ihren Blütenranken erobert. Ein Geräteschuppen oder Gartenhaus kann durch die Kletterer zu einem lauschigen Häuschen werden. Schließlich lässt sich auch die Terrasse oder der Grillplatz mit einigen Drähten in eine stimmungsvolle Laube verwandeln.

Leider halten sich beim Thema Kletterpflanzen immer noch zwei Vorurteile ziemlich hartnäckig: Kletterpflanzen machen den Putz kaputt und ziehen Ungeziefer an! Dazu Folgendes: Kletterpflanzen schädigen keine intakten Fassaden. Vielmehr verlängern sie sogar ihre Lebensdauer. Wenn allerdings bereits Baumängel wie tiefe Risse oder Spalten vorhanden sind, kann es zu Folgeschäden kommen. Also: erst die Fassade sanieren, dann den Klettermaxe davor pflanzen.

Zum zweiten: Auf das Schauermärchen vom „Ungeziefer", das von der weinumrankten Hauswand aus die Wohnung erobert, wird ein Bio-Gärtner sehr gelassen reagieren.

Regenwassernutzung

Trinkwasser ist viel zu kostbar, um zum Bewässern des Rasens vergeudet zu werden. Oder um es literweise über die Klospülung in den Kanal zu leiten. Wie man Trinkwasser sparen kann, ist dem aufgeklärten Naturgärtner sicher bekannt. Noch nicht durchgesetzt hingegen hat sich die Nutzung von Regenwasser im Haus. In großen 5000-Liter-Tanks über das Dach aufgefangen, kann man damit das Klo spülen. Und sogar die Wäsche waschen. Wissenschaftliche Untersuchungen haben gezeigt: Es ist egal, ob Sie die Waschmaschine mit Regen- oder Trinkwasser betreiben. Die Keimzahl bleibt bei beiden Verfahren gleich niedrig.

Häufig wird Regenwasser schon in Tonnen und Fässern aufgefangen, um damit den Garten zu bewässern. Eine gute Sache! Auch den Gartenteich kann man in der Regel über das Dachwasser das ganze Jahr über mit Wasser versorgen.

Mit solchen Maßnahmen werden gleichzeitig auch unsere Kanäle und Kläranlagen spürbar entlastet.

Für den Kanal zu schade: In einer Tonne vorgewärmtes Regenwasser ist ein weitaus besseres Gießwasser als das kalte Nass aus der Leitung.

Jeder Quadratmeter Verbundsteine kostet extra!

Aus all diesen Gründen wird im Saarland in naher Zukunft der Preis für das Abwasser neu berechnet (in einigen Gemeinden sind neugeregelte Abwassergebühren schon in Kraft). Da heißt es nicht mehr Trinkwassermenge gleich Abwassermenge. Sondern jeder überbaute Quadratmeter kostet zukünftig zusätzlich Abwassergebühr – weil das Regenwasser aus Ihrer Dachrinne ja genauso durch den Kanal in die Kläranlage geleitet werden muss wie Ihr Wasch- oder Spülwasser. Extra bezahlen müssen Sie also für das Verbundsteinpflaster, das den Vorgarten ersetzt hat. Die überteerte Garageneinfahrt, die versiegelte Terrasse. „Schön ordentlich und keimfrei sauber" im Außenbereich wird zukünftig auch einen schönen Batzen Geld kosten.

Umweltbewusste Gärtner, die ihren Nachbarn immer schon eine Nasenlänge voraus waren, haben gut lachen. Sie haben das Dachwasser immer schon in den Teich geleitet und vor dem Haus anstatt der Verbundsteinfläche ein Staudenbeet. Somit sparen sie zukünftig eine Menge Geld. Vielleicht lässt sich die Garageneinfahrt aus Verbundsteinen auch noch durch Rasenspur-Platten, Schotterrasen oder Kalksplitt ersetzen. Geldbeutel und Natur sagen „Dankeschön". Einige Gemeinden und die Stadtwerke Saarbrücken bieten Förderprogramme an, um Wasser und damit Abwasser zu sparen.

Literatur und Kontaktadressen

JOREK, Norbert (1985): Beispielhafte Gartenteiche. ProBio-Verlag.
KARTHAUS, Gero (1993): Natur vor der Haustür. Meinerzhagener Druck- und Verlagshaus, Postfach 14 62, 58540 Meinerzhagen.
KÖRBER-GROHNE, Udelgard (1994): Nutzpflanzen in Deutschland. Kulturgeschichte und Biologie. Konrad Theiss Verlag.
KREUTER, Marie-Luise (1988): Der Bio-Garten. BLV Verlag.
NATURSCHUTZBUND DEUTSCHLAND (1995): Naturschutz ums Haus. Bonn.
QUASTEN, Heinz und Joachim GÜTH (1984): Saarländische Bauernhausfibel, Institut für Landeskunde (vergriffen).
STEINBACH, Gunter (1991): Werkbuch Naturbeobachtung. Kosmos Verlag.
WITT, Reinhard (1992): Naturoase Wildgarten. BLV Verlag.
WITT, Reinhard (1994): Wildpflanzen für jeden Garten. BLV Verlag.
WITT, Reinhard (1986): Wildsträucher in Natur und Garten. Kosmos Verlag.

Naturschutzbund Deutschland (NABU), Landesverband Saar, Grabenstr. 22, 66606 St. Wendel, ☎ 0 68 51/ 49 72, Fax 57 04, e-mail: lgs@nabu.handshake.de

Saarländisches Ökologiezentrum, Hofgut Imsbach, 66636 Tholey-Theley, ☎ 0 68 53/91 18-0, Fax 91 18-30, e-mail: imsbach.saar@t-online.de

Bund für Umwelt und Naturschutz Deutschland (BUND), Landesverband Saar, Kaiserstr. 73, 66133 Saarbrücken-Scheidt, ☎ 06 81/81 37 00, Fax 81 37 20

Verband der Gartenbauvereine Saarland-Pfalz, Kaiserstr. 77, 66133 Saarbrücken-Scheidt, ☎ 06 81/ 81 20 40, Fax 81 20 25

Ministerium für Umwelt, Energie und Verkehr, Referat Umweltberatung, Halbergstr. 50, 66121 Saarbrücken, ☎ 06 81/ 501-47 43, Fax 501-45 22, e-mail: Presse@muev.saarland.de

Stadtwerke Saarbrücken, Haus der Zukunft, Richard-Wagner-Str., ☎ 06 81/ 93 49-777 und 93 49-999 (Info-Center)